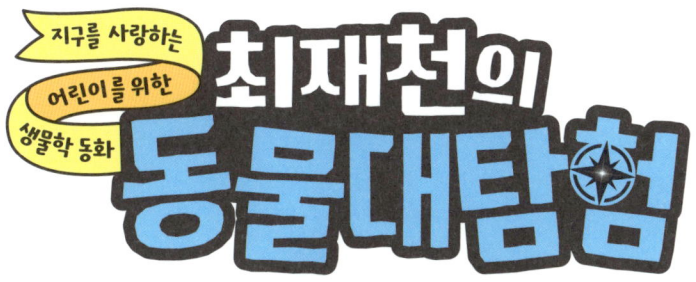

지구를 사랑하는 어린이를 위한 생물학 동화

최재천의 동물대탐험

8. 코알라 구출 작전

최재천 기획 · 황혜영 글 · 박현미 그림 · 안선영 해설

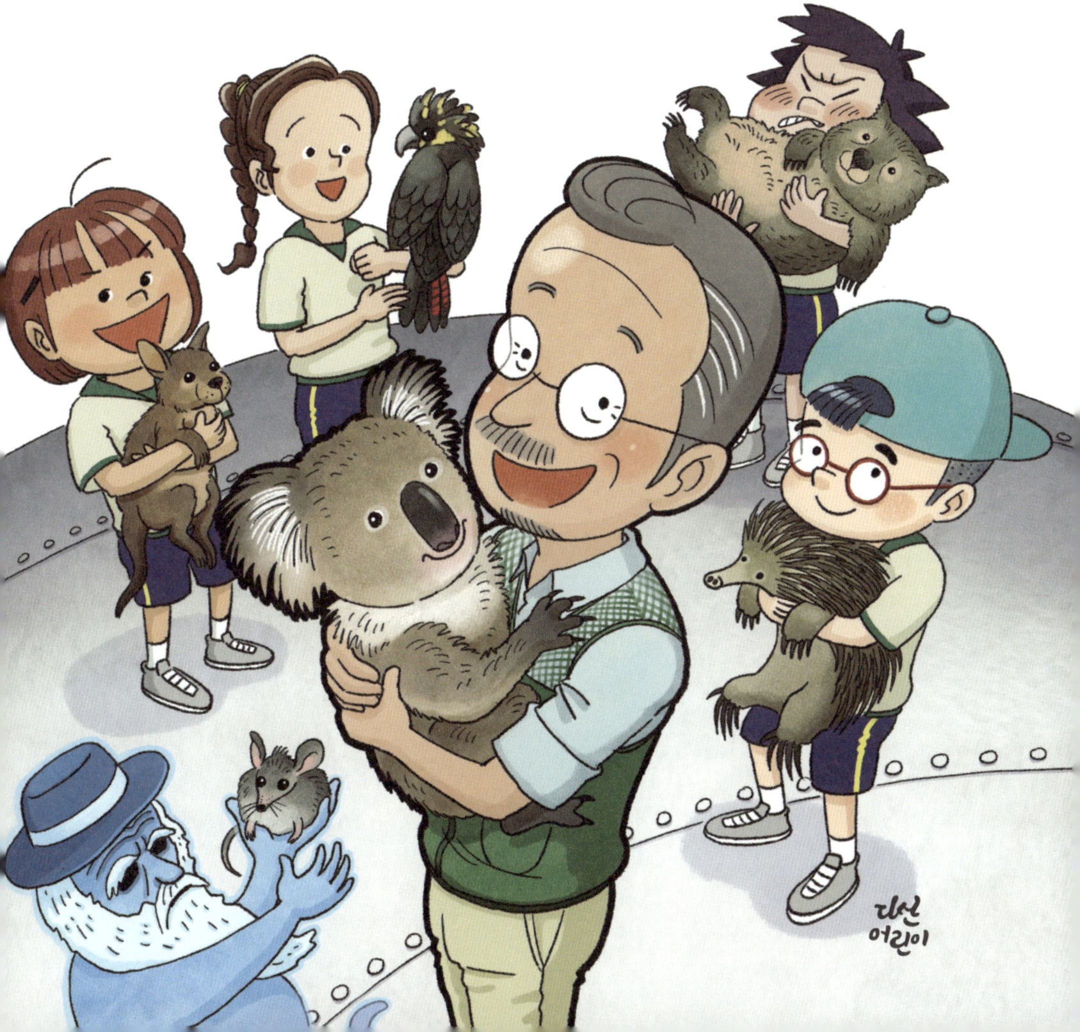

다산 어린이

저는 어려서 타잔을 흠모했습니다. 그림처럼 황홀한 숲속 트리하우스에 살며 배고프면 그저 손 뻗어 바나나를 따 먹고, 땀 나면 호수에 풍덩, 위험하면 두 손 모아 "아아~아아~" 부르면 코끼리 떼가 달려오고 천국이 따로 없어 보였습니다. 하지만 타잔 동네는 비행기를 타고 가야 하는 아주 먼 열대 정글이라는 사실을 알아내곤 저는 깊은 실망에 빠졌습니다. 그러던 어느 날 《허클베리 핀의 모험》을 읽고는 뗏목을 만들어 강을 따라 여행하며 모험을 즐기고 싶었습니다. 하지만 저는 주정뱅이 아버지 슬하에서 크는 것도 아니어서 딱히 가출할 명분이 없었습니다. 그래서 선택한 제 삶은 말하자면 《톰 소여의 모험》이었습니다.

학교가 파하면 동네 아이들은 언제나 우리 집 대문 앞으로 모여들었습니다. 제가 나와 '오늘의 놀이'를 정해 줘야 드디어 동네가 활기를 띠기 시작했습니다. 다방구, 말뚝박기, 망까기, 기마전, 술래잡기, 무궁화꽃이피었습니다 등등. 이렇게 적어 놓고 보니 퍽 다양한 것처럼 보이지만 허구한 날 비슷비슷한 놀이를 반복하는 게 지겨워 저는 자주 놀이의 규칙을 조금씩 바꾸곤 했습니다. 그러다 보면 이웃 동네 아이들이 하는 놀이와는 상당히 다른 우리들만의 놀이가 탄생하기도 했습니다. 제가 생물학자가 되지 않았더라면 지금쯤 어쩌면 게임 회사를 차려 거부가 되었을지도 모릅니다.

돌이켜 보면 그때 우리는 비록 풍족하지는 않았지만 즐거웠던 것 같습니다. 동네 구석구석이 지저분하고 오물 냄새도 진동했지만 조금만 벗어나면 공터도 있고 개천도 흘렀습니다. 조금 헐벗었지만 제법 풋풋한 자연이 우리 곁에 있었습니다. 친구들과 몰려다니며 올챙이, 방아깨비, 풀무치도 잡고, 동네를 돌며 거미줄을 잔뜩 모아 그걸로 잠자리도 잡곤 했습니다. 이 지구 생태계를 공유하고 사는 다른 생명들과 함께 부대끼며 살았습니다.

그런데 지금 우리 아이들은 자연과 철저하게 격리된 삶을 살고 있습니다. 게다가 코로나19 팬데믹으로 인해 그나마 간간이 엄마 아빠와 함께 가던 동물원, 식물원 그리고 바닷가도 마음 놓고 가 보지 못했습니다. 전염병 전문가들의 예측에 따르면 우리 인간이 자연과의 관계를 제대로 정립하지 않으면 앞으로 팬데믹과 같은 재앙을 점점 더 자주 겪게 될 것이랍니다. 우리 아이들이 이담에 커서 안정적인 직장을 갖고 편안하게 살아가려면 이른바 '국영수' 공부도 중요하겠지요. 그러나 만물의 영장이라고 거들먹거리던 우리는 이번에 삶과 죽음의 갈림길에 던져졌습니다. 과학 문명의 시대에 어떻게 이런 일이 일어났을까요? 우리는 이번에 분명히 배웠습니다. 아무리 과학기술이 발달해도 기후 변화가 멈추지 않는 한 우리는 앞으로 종종 죽고사는 문제에 부딪히고 말 것이라는 사실을.

공교육이라면 당연히 국영수만 가르칠 게 아니라 자연에 대한 감수성도 키워 줘야 하지만, 그걸 넋 놓고 기다릴 수 없어 제가 이번에 《최재천의 동물 대탐험》이라는 동화 시리즈를 기획했습니다. 저는 평소에 늘 "배우는 줄도 모르며 즐기다 보니 어느덧 배웠더라" 하는 교육이 가장 훌륭한 교육이라고 떠들어 왔습니다. 그냥 흥미로워서 읽다 보면 저절로 우리와 함께 이 지구에 살고 있는 동물들에 대해서 알게 되고 자연스레 자연의 섭리도 깨우쳐 보다 현명한 사람으로 성장하리라 기대합니다.

기후변화가 가속화하고 생물다양성이 감소하며 전염병 창궐이 빈번해지면서 사람들은 종종 지구의 미래가 걱정된다고 말합니다. 그러면 저는 이렇게 답합니다. 별 걱정을 다하신다고. 우리 인류의 미래가 염려스러운 것이지 지구는 버텨낼 것이라고요. 호모 사피엔스만 사라져 주면 지구는 빠른 속도로 회복할 것입니다. 물론 지금의 상태로 되돌아올 수 있을지는 미지수이지만 어떤 형태로든 건강을 되찾을 겁니다. 어쩌다 우리가 이런 존재가 되어버렸을까요? 참 참담합니다.

이번에는 개미박사님과 우리 탐험대가 호주로 갑니다. 호주는 진화생태학적으로 지구에서 가장 독특한 지역입니다. 다른 지역에는 기껏해야 주머니쥐 정도로 알려진 유대류가 호주에는 매우 다양하게 진화해 살고 있습니다. 유대류는 태반에서 새끼를 충분히 키워서 세상에 내놓는 대부분의 포유류와 달리 아주 작은 새끼를 낳아 육아낭이라고 부르는 배주머니에 넣어 키우는 동물이지요. 캥거루, 코알라, 웜뱃, 태즈메이니아데빌 그리고 쿼카 등 정말 다양한 유대류가 호주에 삽니다.

　2025년 봄 우리나라 경상북도에서 역대 최대 규모의 산불이 발생했지요. 2019년 9월부터 2020년 2월까지 무려 6개월 동안 이어진 호주 산불은 아마 인류 역사에서 최고로 험악한 생태계 파괴 중 하나로 기록될 겁니다. 그때 불타버린 유칼립투스 숲과 더불어 평생 유칼립투스 이파리만 먹고 사는 코알라는 속절없이 당했습니다. 이번 호에서는 우리 탐험대가 코알라를 구조해 살려 낸 이들의 눈물겨운 이야기를 전합니다. 극심한 기후 변화로 인해 세계 곳곳에서 산불 발생 위험이 급증하고 있습니다. 호주 산불에 이어 미국 서부 지역에도 크고 작은 산불이 연이어 일어나고 있습니다. 우리나라도 예외가 아닙니다. 기후 변화에 대응하고 산불 방지를 위한 대책 마련이 시급합니다. 이 책을 읽는 어린이 여러분의 할머니 할아버지와 어머니 아버지는 민둥산을 푸른 산으로 바꾼 산림녹화의 영웅들입니다. 이 푸른 산을 잘 가꾸고 보전하는 일은 여러분의 몫입니다. 우리 강산을 늘 푸르게 잘 지켜 주세요.

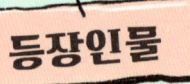

개미박사

동물의 생태와 행동을 연구하는 생태학자이자 동물행동학자. '재단'으로부터 특별한 임무를 부여 받고 비밀리에 활약 중이다. 하늘을 나는 비글호를 타고 아이들과 함께 정글과 바다를 종횡무진 누빈다. 몇 년 전 호주를 뒤덮었던 거대한 산불이 지나간 뒤, 캥거루섬을 찾아온다. 급격한 기후 변화로 우리 초록 별이 몸살을 앓는 지금, 우리에게 희망은 있을까?

다윈박사

인공 지능 인격체이자 '비글호'의 메인 프로그램. 약 200년 전에 살았던 과학자 '찰스 다윈'의 인격과 지식을 바탕으로 만들어졌다. 목소리와 색깔을 자유자재로 바꿀 수 있지만, 홀로그램 장치에 갇혀 산다. 아직 비글호 대원들은 모르는 놀라운 능력과 숨겨진 기능들이 많지만, 위기의 순간에만 하나씩 꺼내 놓는다.

아라

미리보다 한 살 어린 동생. 씩씩한 태권 소녀지만, 마음이 여리고 동정심이 많다. 캥거루섬에서 만난 빨강 머리 앨리와 친해진다. 앨리 언니처럼 동물에 대한 전문 지식을 갖고 싶어졌다.

미리

동물을 사랑하고 환경 보호에 관심이 많은 11살 소녀. 살아 있는 모든 생명을 사랑하고, 동물과 대화하기를 즐긴다. 호주 산불에서 약한 새끼들이 살아남을 수 있었던 이유가 궁금하다.

와니

엉뚱함과 호기심, 유머 감각이 가득한 10살 소년. 이것저것 할 줄 아는 것도 많고, 해 보고 싶은 것도 많다. 우당탕탕 덤벙거리는 성격이지만, 마음만은 늘 진심이다. 이번 탐사에서 와니의 모자가 뜻밖의 활약을 펼치게 된다.

호야

호기심 많고 똘똘한 10살 소년. 독서를 좋아하고, 기억력이 뛰어나서 친구들이 부러워한다. 세심한 관찰력과 꼼꼼함으로 '주머니 속 주먹'을 가장 먼저 알아차린다.

차례

바보

❀ 서문 ❀ 4

❀ 등장인물 ❀ 8

프롤로그 ❀ 12
1. 비글호의 탄생 ❀ 18
2. 주머니 속 주먹 ❀ 32
3. 빨강 머리 앨리 ❀ 48
4. 반딧불이의 밤 ❀ 66

5. 푸른 먼지의 기적 ❀ 90
6. 다시 찾은 숲 ❀ 102
7. 비밀 기지 ❀ 118
에필로그 ❀ 136

❀ 개미박사의 생물학 교실 ❀ 142
❀ 팩트체크 ❀ 150

프롤로그

　수년 전 어느 날, 침팬지박사님과 개미박사님은 단풍나무 숲길을 산책 중이었다. 오래된 단풍나무들이 마음을 씻어 주는 기분이 드는 아름다운 곳이었다.
　"앞으로 우리가 뭘 할 수 있을까요? 기업과 정부의 노력도 중요하지만, 그들은 쉽게 마음이 바뀌고 참을성이 없어요."
　개미박사님은 지금까지 만났던 여러 기업인과 정치인의 얼굴을 떠올렸다. 재단을 비롯한 나이 많은 사람들, 침팬지박사님이나 자신과 같은 기성세대는 머지않아 퇴장할 것이다. 그렇다면, 누가 이 일을 이어 간다는 말인가.

"한결같은 마음으로, 자기가 사는 곳에서, 작은 변화를 만들어 내는 사람들. 작은 풀씨 같기도, 단단한 차돌멩이 같기도 한, 그런 평범한 사람들이죠."

 침팬지박사님이 대답했다. 그녀는 먼 곳을 보며 미소 짓고 있었다. 어디선가 신나게 뛰어노는 아이들의 웃음소리가 들렸다.

 "특히 어린이들을 모아야 해요."

 개미박사님은 침팬지박사님의 얼굴을 물끄러미 바라보았다. 지칠 줄 모르는 이 강인한 스승이 몹시 나이 들었다는 것을 깨닫자 갑자기 슬퍼졌다.

 "그래요. 우리에겐 시간이 없어요. 더군다나 나에겐 짧은 시간만 남아 있어요."

침팬지박사님은 개미박사님의 마음속을 꿰뚫어 보는 것 같았다. 말하지 않고도 개미박사님이 무슨 생각을 하는지 읽을 수 있었다.

"제가 막지 못하면, 당신이 막고, 그 뒤에는 류와 라울 같은 젊은이들이 막는 거죠. 그리고 그다음엔…."

개미박사님은 침팬지박사님이 바라보는 곳에 눈길을 주었다. 그녀가 찾아낸 답은 멀리서 뛰어놀고 있는 아이들이었다.

"저 아이들이 막아야 할 거예요. 그러니까 개미박사님, 씨앗을 찾아 주세요. 인류 멸망을 막을 수 있는 해답은 바로 씨앗을 찾는 거랍니다."

침팬지박사님은 바람에 날려 온 작은 단풍나무 씨앗 하나를 붙잡았다. 씨앗은 천천히 회오리를 그리며 자유롭게 공중을 날아다니다가 마침내 침팬지박사님의 손안에 들어왔다. 개미박사님은 이 순간을 영원히 잊지 못할 것 같은 느낌이 들었다.

"이 씨앗 말이에요."

개미박사님은 스승이 건네준 단풍나무 씨앗을 손바닥에 올려놓고 자세히 들여다보았다. 단풍나무는 이 날개로 씨앗을 아주 먼 곳까지 퍼트릴 수 있다. 작은 씨앗을 감싼 두 개의 날개는 나비의 그것처럼 섬세했다.

씨앗은 이 두 날개를 헬리콥터 프로펠러처럼 이용해 공중에 오래 머무를 수도, 바람을 타고 멀리 날아갈 수도 있다. 그게 단풍나무의 전략이었다. 땅에 떨어진 씨앗이 모두 싹을 틔우지는 못할지라도, 이 날개 덕분에 단풍나무가 품을 수 있는 희망이 조금 늘어나는 것이다.

"이 작은 씨앗 속에 거대한 단풍나무의 가능성이 숨어 있다…."

그때 이상한 아이디어가 하나 번뜩 떠올랐다. 갑자기 심장이 쿵쾅거리기 시작했다. 마치 어린아이로 돌아간 기분이었다.

"온 세계를 샅샅이 뒤져야겠네요. 하늘을 나는 비행선은 어떨까요?"

장난꾸러기 같은 웃음을 지으며 개미박사님은 있는 힘껏 작은 단풍나무 씨앗을 허공으로 돌려보냈다.

인류를 구할 희망은 어린이들에게 달려 있다. 그 희망의 씨앗을 찾는 프로젝트에 비글호 프로젝트라는 이름을 붙였다. 다윈이 비글호를 타고 전 세계를 항해하며 얻은 결실은 인류에게 놀라운 생각의 전환을 가져왔다. 200년 후 개미박사님의 비글호는 인류에게 어떤 선물을 가져다줄까.

인류 멸망을 막을 미래의 어린이들을 찾는 임무. 하늘을 나는 비행선, 비글호가 탄생한 순간이었다.

캘리포니아 사막 한가운데 있는 의생학 연구소. 비글호 프로젝트는 개미박사님 지휘 아래 비밀리에 착착 진행되고 있었다. 다만 작은 문제가 하나 있었다. 이 프로젝트의 수장이자, 비글호 함장이 될 개미박사님이 너무나 엉뚱한 상상력의 소유자란 점이었다. 개미박사님은 쉴 새 없이 동물, 식물, 곤충, 버섯 등의 생태에서 착안한 아이디어들을 쏟아 냈다. 문제는 그 아이디어 대부분이 기술로 구현하기 쉽지 않다는 것이었다.

그렇지만 괴짜들 집합소인 의생학 연구소에서도 괴짜로 소문난 4인방, 모리 박사와 레베카, 타오와 노아는 포기하지 않고, 오히려 도전을 즐기는 사람들이었다.

이곳이 바로 비글호의 제작 현장이다.

마침내 비행선이 거의 다 완성되었을 무렵, 개미박사님은 비

비글호 전격 해부

비글호의 디자인

단풍나무 씨앗 모양.
제로웨이스트 시스템.

첨단기술 + 생태적 아이디어.
생명체처럼 살아 움직이는 비행선.

비글호의 핵심 브레인, 인공 지능 '다윈'

햇빛을 받으면 새싹처럼 돋아나는 태양광 패널

이착륙시에는 똥을 태워 만든 에너지를 쓴다.

비글호의 내부

간식방
숨바꼭질방
이것저것방
멸종위기종방
희귀종방
식물생육방
씨앗보관방
청소도구
오줌방
방귀방
박사님 보물방
똥방
쓰레기방
남는방

내 방은 어디?

노아의 방주처럼 작은 방들이 층층이 이어져 있음.
동물방과 식물방에는 희귀종이나 멸종위기종들이 관리되고 있음.

글호 조종석에 앉아 메인 컴퓨터를 작동해 보았다. 아이디어와 꿈이 마침내 현실이 되었다는 것이 벅찼다. 매번 불가능하다고 투덜대면서도 결국에는 상상을 기술로 구현해 내는 의생학 연구소의 괴짜 엔지니어들이 자랑스러웠다.

개미박사님의 스마트폰 배경 이미지는 흰 수염에 심각한 얼굴을 한, 노인의 옆모습이었다. 개미박사님이 가장 존경하는 스승 중 하나인 찰스 다윈이었다. 약 200년 전, 청년 다윈은 비글호를 타고 출발했다. 처음에는 그저 호기심 많은 청년이었지만, 30년 뒤 세상을 깜짝 놀라게 할 이론을 발표했다.

"비글호 출항을 앞둔 찰스 다윈의 마음이 이런 것이었을까?"

개미박사님은 감격에 겨워 코를 벌름거렸다. 하지만, 무언가 부족하다는 느낌을 지울 수가 없었다.

"도대체 뭘까? 뭐가 부족한 걸까? 내가 놓친 게 뭘까?"

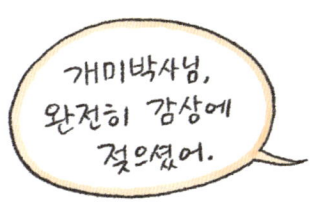

의생학 연구소의 괴짜 4인방은 개미박사님을 몰래 지켜보고 있었다. 장난꾸러기 넷은 소곤소곤 비밀 작전을 짜기 시작했다.

비글호의 시험 비행을 앞둔 어느 날, 개미박사님 앞에 괴짜 4인방이 불쑥 나타났다. 말괄량이 레베카가 개미박사님 앞에 작은 상자를 내밀었다.

'뭔가 꿍꿍이가 있는 표정들이군. 절대 속지 말아야지.'

개미박사님은 마음속으로 굳게 다짐했다.

"개미박사님, 선물이에요."

이 한마디에 개미박사님은 의심을 싹 지우고 어린아이처럼 선물을 풀어헤쳤다. 짠! 상자 안에는 처음 보는 멋진 스마트 워치가 들어 있었다.

"이건 세상에 없던 거예요. 아시죠?"

모리 박사가 말했다. 그러나 흥분한 개미박사님 귀에는 아무 말도 들리지 않았다.

"버튼을 아무거나 누르시지 마시고 먼저 화면을 살살 문지르면…."

노아가 황급히 말을 덧붙이는 순간, 펑! 요란한 소리와 함께 회색 연기가 자욱하게 피어올랐다.

"깜짝이야! 어디서 폭발이라도 한 건가?"

개미박사님이 두리번거리는 사이, 괴짜 4인방은 웃음을 참지 못하고 킄킄대기 시작했다. 연기와 불꽃은 눈속임을 위한 위장용 홀로그램일 뿐이었다.

"으음? 저건 뭔가?"

연기와 불꽃이 서서히 걷히자, 놀랍게도 눈앞에 유령 같은 형체가 일렁이며 나타났다. 움푹 꺼진 눈, 얼굴을 덮은 흰색 수염, 푹 눌러쓴 짙은 색 중절모에, 다리는 없이 유령처럼 허공에 둥둥 떠다니는 저것의 정체는 무엇일까?

"저 푸르딩딩한 건 뭔가? 설마 유령? 아니지. 유령 따윈 없어. 과학자로서 그런 걸 믿진 않아. 그렇지만 어딘가 낯이 익은데?"

개미박사님은 무서워하기는커녕, 흥미를 느끼며 눈을 반짝

였다.

"우어어어어~. 좁고 어두운 골방에 얼마나 갇혀 있었는지 온몸이 쑤신다아아."

푸르딩딩한 유령은 혼잣말 비슷하게 투덜거리기 시작했다.

"당신은 알라딘의 지니가 아니라, 비글호의 유령인가요? 제 소원은요…."

개미박사님은 순진한 어린아이처럼 스마트 워치에 대고 소원을 속삭였다.

"지금 뭐 하는 건가? 난 요술 램프의 마귀 따위가 아닐세. 나

로 말하자면….”

갑자기 환호성과 꽃가루, 박수 소리가 깔렸고, 비글호의 유령이 우스꽝스러운 춤을 추기 시작했다.

"나는 비글호의 메인 컴퓨터 그 자체일세. 자네가 저 엔지니어들에게 입이 닳도록 말했다지? 자연과 생명에 대한 세심한 관심과 끝없는 애정을 담은, 살아 있는 인공지능 컴퓨터를 만들어 달라고. 그래서 짠! 이렇게 내가 탄생했다네.”

"누굴 많이 닮으셨어요. 제가 가장 만나고 싶었던 스승이시죠?”

"딩동댕! 맞아, 난 찰스 다윈일세. 비글호의 메인 컴퓨터 인공지능에 찰스 다윈의 인격을 입힌 셈이지. 나는 소원을 들어주는 존재가 아니라….”

비글호의 유령이 길고 긴 수다를 늘어놓으려는 찰나, 개미박사님은 마치 유령의 마음이 바뀔까 봐 걱정된 듯 재빨리 소원을 말했다.

"제 소원은 씨앗을 찾는 겁니다.”

"과학 지식과 다양한 추론을 통해 자네에게 가장 적당한 해답을 찾아 주는 존재일세. 근데 뭐? 씨앗? 무슨 씨앗 말인가?”

멀리 내려다보이는 비글호 메인 홀 한가운데에는 가로세로

20센티미터 정도의 검정색 정육면체 상자가 놓여 있었다. 그곳이 다윈박사님이 살고 있는 곳이었고, 리모컨이나 스마트 워치로 다윈박사님을 어디서든 불러낼 수 있었다.

"오호, 나랑 수수께끼를 하자는 거로군. 좋아, 겉씨식물은

아니겠지? 남반구에만 있는 종인가? 씨앗의 특징은?"

다윈박사님과 개미박사님의 대화는 끝날 줄을 몰랐다. 의생학 연구소의 괴짜 4인방은 이 모습을 바라보며 소곤거렸다. 엔지니어들 눈에 모든 시제품은 언제나 고칠 곳투성이였기 때문이다.

"바다 밑 요술 램프 속에서 천 년을 기다린 외로운 지니 같지

않아요?"

"다윈박사님은 그동안 수다 떨고 싶은 걸 어떻게 참았을까?"

"타오, 등장 음악이랑 댄스는 네가 몰래 깔았지? 휴, 네 취향은 정말."

"앞으론 빼. 아니면 좀 깜찍하고 귀엽게 바꾸는 게 좋을 듯."

어쨌거나 이렇게 비글호가 완성되었고, 개미박사님이 초대 함장이 되었다. 인공지능 시스템 다윈박사님과 함께 씨앗을 찾기 위한 여정이 시작된 것이다.

비글호 선원으로는 아라, 와니, 호야, 미리 네 명의 아이들이 뽑혔다. 씩씩하고, 발랄하며, 엉뚱하고, 호기심이 많음. 그게 선택의 이유였다.

"다윈박사님, 다음 목적지는 어디인가요?"

"위치 좌표 남으로 35도 50분, 동으로 137도 15분, 그레이트오스트레일리아만 캥거루섬."

2. 주머니 속 주먹

비글호는 포근한 바람을 타고 천천히 활공 중이었다. 인도양을 건너 오스트레일리아 대륙 위를 지나면서부터 아이들은 활기를 되찾았다.

"박사님, 이제 코알라를 만나러 가나요?"

아라가 눈을 비비며 물었다.

"어떻게 알았니? 곧 캥거루섬에 착륙할 거야."

개미박사님은 능숙하게 비글호를 몰아 착륙을 준비했다.

와니와 호야, 미리와 아라는 말없이 눈짓을 교환했다. 아프리카를 떠나면서 네 명 모두 코알라가 힘겹게 물을 마시는 장면을 봤다는 사실을 어떻게 말해야 좋을지 알 수 없었다. 미리는 머릿속에 떠오른 이미지로, 호야는 읽던 책에서, 아라와 와니는 꿈속에서였지만, 모두 같은 장면을 본 건 확실했다. 개미 박사님께 어째서 이런 일이 일어난 건지 물어보고 싶었지만, 뭔가 확실해지기 전까지는 입을 다물기로 했다.

"박사님, 이번 임무는 뭔가요?"

"몇 년 전 일어났던 끔찍한 호주 산불 사건을 알고 있니? 2019년에서 2020년에 걸쳐 거의 6개월간 지속되면서 호주뿐 아니라 전 지구에 재앙을 몰고 왔었지. 우리나라 면적만큼이 불탔고, 셀 수 없을 정도로 많은 야생 동물이 피해를 입었단다. 멸종 위기까지 간 종도 있어. 끔찍한 화재 뒤로 생태계가 어떻게 얼마나 복구되었는지 알아봐야 하지 않겠니?"

"맞아요. 비글호 탐사대원이라서가 아니라, 지구인으로서도 책임감을 느껴요."

"그런데 왜 하필 섬으로 가요?"

"바다로 둘러싸인 섬이라는 환경에서 변화를 확인하기가 더 쉽기 때문이야."

"정말로 이름이 '캥거루섬'이에요? 캥거루가 그렇게 많아요?"

"그럼. 캥거루와 코알라 말고도, 이 섬에서만 사는 새며 설치류*, 도마뱀도 있단다. 이 섬에는 대륙에 있는 여우나 야생 고양이 같은 포식자들이 없단다."

다윈박사님은 캥거루섬 지도를 보여 주었다.

"캥거루섬 면적은 제주도의 2.5배 정도지만, 인구는 고작 5천 명 정도야. 게다가 섬의 절반은 자연 보호 구역이라 말 그대로 수많은 야생 동물의 낙원이었지."

"끔찍한 산불이 섬의 절반을 날려 버리기 전까지는 말이야."

개미박사님이 침통하게 덧붙였다.

"산불은 특히나 대륙의 남동부에서 집중적으로 일어났지."

다윈박사님이 산불이 발생한 위치를 표시한 지도를 불러 냈다. 호주 대륙의 남동쪽을 중심으로 온통 붉은색 불꽃

모양 아이콘이 빽빽하게 그려져 있었다.

"대체 왜 이런 일이 일어났을까요?"

"호주는 남반구라서 계절이 우리나라와는 반대란다. 그해 12월은 기록적인 고온에 비까지 거의 내리지 않았지. 온도는 치솟고, 공기는 건조했어. 숲과 초원의 메마른 덤불들은 번개 한 번에 말 그대로 불쏘시개처럼 변했단다. 처음엔 '번개'가, 그 다음에는 '바람'이 섬에 재앙을 불러온 거지."

다윈박사님은 또 한 장의 지도를 띄웠다. 똑같은 호주 지도였는데, 이번에는 분홍색이 남동쪽을 빼곡하게 채우고 있었다.

*설치류: 대표적인 동물은 쥐.

다윈박사님이 두 지도를 포개어 겹치자, 두 지역은 거의 일치했다.

"저 분홍색은 어떤 동물의 서식지를 표시한 거야. 그게 누구냐면…."

"코알라요. 저긴 코알라가 사는 곳을 표시해 놓은 거죠?"

아이들이 동시에 대답했다.

"어떻게 알았니?"

아이들은 대답 대신 서로를 바라보며 의미심장하게 고개를 끄떡였다.

"두 지도가 거의 정확히 겹친단다. 산불 때문에 코알라는 거의 멸종 위기로 내몰렸어. 캥거루섬 코알라도 3분의 2가 불타

죽은 걸로 추정된단다."

두 장의 지도가 아이들 앞에서 천천히 일렁이고 있었다. 화염을 상징하는 붉은 아이콘과 숲을 상징하는 초록색 아이콘이 완전히 겹쳐져 어두운 얼룩을 만들고 있었다.

"어서 내려서 코알라들이 잘 있는지 확인하고 싶어요."

미리는 창문 밖으로 펼쳐진 캥거루섬을 내려다보며 중얼거렸다.

캥거루섬은 아름다운 해안과 독특한 모양의 바위들, 그리고 푸른 숲과 초원으로 이루어진 곳이었다. 산불 때문에 벌거숭이 모습일 것이라 상상했는데, 자연은 빠르게 아름다운 모습을 되찾아 가고 있다.

"자연을 되살리고, 생태계를 회복하려면 어떻게 해야 해요?"

아라는 지금이라도 뭐든 돕고 싶었다.

"답은 의외로 간단해. 그냥 그대로 두는 거야."

개미박사님의 단호한 대답에 아이들은 깜짝 놀랐다.

"우리가 뭔가 손을 보태야 하는 게 아니고요?"

"새로운 씨앗을 심거나, 보금자리를 잃은 야생 동물에게 먹이를 줘야 하잖아요?"

미리는 머리를 한 대 얻어맞은 기분이 들었다.

"물론 그런 수고와 노력도 중요하지. 그렇지만, 자연 상태에서 산불은 가끔씩 일어난단다. 그로 인해 그곳의 생태계가 다시 만들어지기도 하거든. 그렇게 자연은 스스로 알아서 균형을 회복하곤 하지. 그때 우리 인간은 되도록 간섭하거나 개입하지 않고 그냥 가만히 두는 거야. 이를테면 보호 구역으로 지정해서 당분간 사람의 손길을 최소로 줄인다면 어떻게 될 것 같니? 자연의 회복 속도는 믿을 수 없을 만큼 뛰어나단다. 인간이 방해만 하지 않는다면 말이지."

"개미박사님이 비글호를 타고 전 세계를 탐사하는 이유가 궁금해요. 그러니까 비글호의 진짜 임무요."

호야는 오래전부터 비글호의 탐사 목적이 그저 아이들을 싣고 야생 동물들을 관찰하는 게 아닐 거라고 생각하고 있었다. 개미박사님과 비글호의 뒤에 뭔가 거대한 비밀이 숨겨져 있을 거라는 생각이 들었던 것이다. 개미박사님은 와니, 호야, 미리,

아라의 얼굴을 찬찬히 바라보았다. 이제껏 개미박사님과 아이들은 비글호를 타고 어려움에 처한 야생 동물들을 만났다. 그리고 우리가 살아가야 할 이 초록 별이 얼마나 심각하게 훼손되고 망가져 가고 있는지 깨달았다.

"맞아. 비글호는 아주 중요한 임무를 수행하기 위해 만들어졌단다. 머지않아 다가올 인류 멸종의 위험을 막기 위해서 재단은 많은 노력을 기울이고 있지."

"그게 뭔데요?"

"씨앗을 찾는 거란다. 우리는 수많은 논의 끝에 그런 결론을 얻었단다."

씨앗이라고? 한 알만 먹으면 배가 부른, 그런 슈퍼 푸드 씨앗일까? 인류를 구할 씨앗을 어디서 찾는다는 건지, 대체 그 씨앗이 무엇인지 몹시 궁금했지만, 곧 착륙 준비를 해야 했기

때문에 더 이상 이야기는 나눌 수 없었다.

얼마 후, 비글호는 조용히 캥거루섬 서쪽 야생 보호 구역 한가운데 내려앉았다. 파도와 화산이 만들어 낸 멋진 종유석들 사이에 몸을 숨긴 비글호는 원래 그 자리에 있던 것처럼 자연스러워서 눈에 띄지 않았다.

"처음에는 괜찮았어. 그렇지만 호주 대륙에서 날아든 불씨가 바다를 건너 이곳 캥거루섬까지 옮겨붙고 말았지. 특히나 섬의 서쪽은 가장 큰 피해를 입었어. 숲이 사라지고, 잿더미만 남았지."

개미박사님은 아이들과 함께 풍선거미에 올라탔다. 울퉁불퉁, 길이 없는 밀림이나 초원 같은 장소에서 가장 편리한 이동 수단이다. 풍선거미에 올라타기 전, 미리는 발밑의 나뭇가지를 집어 들었다. 뾰족하고 부드러운 잎사귀를 짓이기자 상쾌하고 강렬한 향기가 퍼졌다.

"유칼립투스잎이야. 어쩌면 근처에 코알라들이 있을지 모르겠어."

호야가 말하자마자, 아이들은 다 같이 나무를 쳐다보았다.

"산불에서 살아남은 코알라들이 내려다보고 있을 수도 있어."

"그래도 다행이야. 숲으로 돌아간 코알라도 있을 테니까."

서서히 어둠이 깔리기 시작했다. 아이들은 멀리 숲을 헤치며 꼬리를 물고 달려오는 불빛의 행렬을 보았다. 이 시간에도 커다란 트럭과 자동차들이 줄지어 쌩쌩 달리고 있었다.

"안타깝게도 코알라 서식지 대부분이 개인 소유라 국가에서도 어쩌지 못해. 세상에는 언제나 자연을 개발하자는 사람들과 그대로 보존하자는 사람들이 있거든."

이 아름다운 섬에도 개발과 사업의 바람은 불어닥쳤고, 인간의 욕심은 작아지는 법이 없었다. 해가 진 숲은 고요할 것 같았지만, 그 안에서는 놀라운 일들이 벌어지고 있었다. 버섯과 곰팡이, 작은 벌레와 벌들부터 쥐와 다람쥐, 코알라와 개구리와 새들까지 헤아릴 수 없이 많은 생명이 숲에 기대어 살고 있었다. 그들은 모두 자연이라는 바퀴를 돌리는 한 가족이었다.

거기 코알라도 있었다. 그러나 개간을 위해 숲의 절반을 밀어 버리자, 살 곳을 잃었다. 겁이 많아서 자기 나무에서 거의 움직이지 않는 코알라는 어쩔 수 없이 이동하기로 결심했다.

번쩍!

벼락일까

코알라의 세상에서 예고도 경고도 없이 빛과 굉음을 내며 순

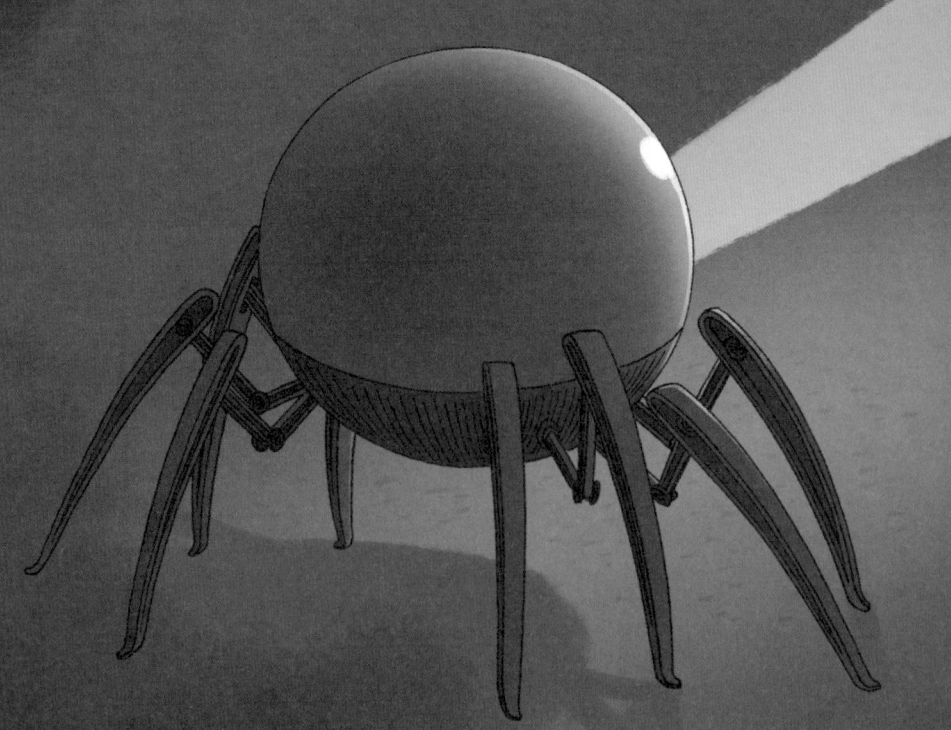

식간에 덮치는 존재란 전혀 이해할 수 없는 것이었다. 그 순간 코알라의 머릿속에 번개가 떠올랐다. 다가오는 불빛에 휩싸인 코알라는 공포에 질려 얼어붙은 듯 도로에 엎드렸고, 트럭은 그대로 코알라를 치고 지나갔다.

쿵! 들썩, 덜커덩.

운전사는 아무것도 보지 못했고, 다만 트럭이 약간 흔들린 느낌을 받았을 뿐이었다. 그에게는 더 빨리, 더 많은 나무를 신고, 더 많은 돈을 버는 게 중요했다.

풍선거미가 갑자기 다리를 길게 늘이고 헤드라이트를 켠 채 제자리에서 빙글빙글 돌기 시작했다. 경계 모드다. 동시에 강치와 제비가 맹렬히 짖어 댔다. 헤드라이트를 밝히자, 희미한 불빛이 멀리 퍼져 나갔다. 도로에서 조금 벗어난 어두운 덤불 밑에 무언가가 웅크리고 있었다.

"아무래도 느낌이 좋지 않구나. 내려가서 살펴봐야겠다."

아이들도 엉거주춤 따라 내렸다. 땅바닥에는 몸을 동그랗게 만 보드라운 동물이 있었다. 그건 아이들이 여행 내내 그토록 만나고 싶어했던 코알라였다.

"가여운 것. 트럭에 치인 것 같구나. 아직도 몸이 따뜻한데…."

코알라는 이미 죽은 뒤였다. 개미박사님은 말을 잇지 못했다. 와니와 미리는 훌쩍이기 시작했다. 처음 만난 코알라가 방금 차에 치여 숨이 끊어진 코알라라니, 믿을 수 없었다. 그때였다. 호야의 외침이 어둠을 찢었다.

"코알라가, 코알라가 숨을 쉬어요! 방금 배가 움직였어요!"

"그럴 리가. 녀석은 숨이 끊어졌는데?"

호야 말처럼 코알라 아랫배가 이상하게 출렁거리며 세차게

꿈틀거리기 시작했다. 갑자기 코알라 아랫배에서 쑥 하고 무언가가 튀어나왔다.

"주머니 속에서 주먹이 튀어나왔어요!"

주머니에서 누군가 작은 주먹을 힘차게 내밀었다. 보드라운 털로 덮인 작은 손, 섬세한 발톱이 달린 새끼 코알라의 주먹이었다. 차에 치인 코알라에겐 새끼가 있었다. 어미는 주머니에 새끼를 넣은 채 이동하다가 차에 치인 것이다.

"아무거나, 새끼를 담을 주머니를 가져와!"

개미박사님의 목소리가 어둠 속에서 마구 떨리고 있었다.

코알라를 알려 주마

척삭동물문 포유강 유대류아강, 쌍전목, 코알라과

"엇! 살쪘다."

달깍

15.0kg

⭐ 60~85cm, 5~15kg (성체 기준)
⭐ 평균 수명 : 10~12년

"엄마, 나 태어났을 때 얼마나 작았어?"

"응, 곰젤리만 했어."

⭐ 임신 기간 : 33~35일
⭐ 2cm, 0.5~1g의 아주 작은 새끼를 낳음.
⭐ 육아낭에서 6개월 동안 키움.

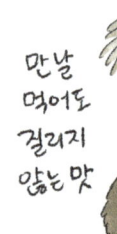
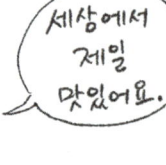

만날 먹어도 걸리지 않는 맛

"세상에서 제일 맛있어요."

⭐ 오직 유칼립투스잎만 먹음.

3.
빨강 머리 앨리

풍선거미는 최고 속도로 초원을 달려 '캥거루섬 야생 동물 공원'에 도착했다. 황량한 황무지 한가운데에 있는 작은 숲에 둘러싸인 곳이었다.

"여기가 어딘가요?"

"야생 동물 보호 구역 안에 있는 임시 보호소야. 원래는 다치거나 어미와 떨어진 야생 동물들을 보호하고 치료해 주던 곳이었는데, 지난 산불 때 이곳이 '코알라들의 보호소'로 바뀌었지."

소식을 전해 들은 보호소 직원이 밤늦게까지 기다려 주었다.

매기라는 수의사였다. 아이들이 새끼 코알라를 구조하기 위해 급하게 찾은 주머니는 바로…!

"네가 모자를 빌려줬구나? 잘했어. 새끼는 다행히 무사해."

군밤 장수 같다며 놀림을 받았던 와니의 모자가 뜻밖에도 코알라 새끼를 위한 안락한 주머니가 될 줄이야. 덕분에 와니 머리카락은 까치집처럼 헝클어져 있었다. 매기 선생님은 조심스럽게 청진기를 대 보고, 체온과 무게를 쟀다. 작고 연약한 코알라는 털이 다 자라지 않아 얼핏 보면 조그만 쥐 같았다.

"이 녀석은 육아낭에 더 있어야 해요. 밖으로 나오기엔 너무

작아요."

몸무게는 300그램도 채 안 됐다. 계속 분유를 먹이며 세심하게 돌봐 줘야 한다고 했다. 매기 선생님은 조심스럽게 숨진 어미 몸을 조사했다.

"가슴이 아파요. 이 녀석은 우리가 구조해서 풀어 준 코알라인가 봐요."

엄마 코알라 발목에는 노란색 인식표가 달려 있었다. 털에 가려 보이지 않았던 것이다.

"자원봉사자가 도착하면 이 코알라에 대해 더 자세한 걸 알 수 있을지 몰라요. 내일 아침에 물어보시죠. 아주 뛰어난 구조

전문가예요. 코알라들을 하나하나 구별하거든요. 보통 사람 눈엔 다 똑같아 보이는데."

"당시에는 하루에 수백 마리씩 불에 탄 코알라들이 밀려들었어요. 서쪽 숲이 완전히 불탔는데, 하필 그곳이 코알라들 서식지였거든요. 여기가 가장 가까운 보호소였고요. 마을 주민 모두 구조에 나섰지만, 턱없이 부족했죠."

매기 선생님은 따뜻한 차를 내어 주며 산불 당시 이야기를 들려주었다.

"코알라들은 주로 나무에 자리를 잡고 꼼짝하지 않는 습성이 있어요. 영양가가 없고 독성이 있는 유칼립투스잎을 소화하려고 하루의 대부분을 나무에 매달려 졸거든요. 그게 바로 '코알라의 느린 삶'이지요. 코알라의 시간은 우리 인간의 시간과는 아주 다릅니다."

개미박사님도 고개를 끄덕였다.

"위험을 느끼면 도망치지 않고 가만히 있거나, 높은 가지 위로 올라가 버려요. 산불이 급속도로 번지기 시작했을 때 느리고 굼뜬 코알라는 대처할 수 없었어요. 유칼립투스 나무엔 기름이 많아서 불이 붙으면 말 그대로 폭죽처럼 터져 버리니까요. 오랫동안 비가 내리지 않았기 때문에 바싹 마른 나무엔 기름기가 많았죠. 나무가 불쏘시개가 되어 코알라들과 함께 터져 버렸습니다. 땅으로 내려와 피신한 코알라들도 상황이 나쁘기는 마찬가지였어요. 힘들게 나무 구멍이나 땅굴로 피했지만, 그대로 타 죽거나 연기에 질식했거든요. 그래도 살아남은 동물들을 구조할 때면 그동안의 피로를 잊을 정도로 기뻤죠."

"구조된 동물들의 회복은 순조로웠습니까?"

"아니요. 많은 경우, 더 이상의 치료가 무의미해서 안락사를 시켜야만 했어요. 사람들이 어렵게 구조한 코알라가 결국 여기와서 안락사를 당하는 꼴이었죠. 살아남은 코알라 대부분은 새끼였어요. 한때 이곳 건물 두 동이 모두 코알라 고아원이었을 만큼요."

"왜 새끼 코알라가 많았을까요?"

미리가 어깨를 으쓱이며 질문을 했다.

"새끼를 살리려고 어미들이 희생했으니까. 지금처럼."

"정말 뭐라고 할 말이 없네요. 슬프고 감동적인 이야기입니다."

개미박사님은 군밤 장수 모자 속에서 잠든 아기 코알라를 바라보았다.

"치료를 마친 코알라들을 다시 숲에 놓아주었죠. 코알라들이

먹이를 구하고 보금자리로 삼을 온전한 숲을 찾아내는 것도 쉽지 않았답니다. 최근에는 유칼립투스 나무들이 쇠약해져서 멸종 위기라는 연구도 있어요. 오직 유칼립투스 나무에만 기대어 살아가는 코알라들에게는 치명적이죠. 자, 오늘은 여기까지 하고, 보호소는 내일 둘러보기로 하지요. 쉴 곳으로 안내해 드릴게요."

"저… 아기 코알라 혼자 둬도 되나요?"

어쩐지 아라는 코알라 곁에 있어야 할 것 같은 기분이 들었다. 오늘 밤부터 고아가 된 셈이니까 말이다.

"이 녀석은 4시간마다 분유를 먹여야 해. 갑자기 체온이 떨어지지 않는지도 잘 살펴야 하고. 너희들이 돌봐 주겠니?"

매기 선생님의 제안에 아이들은 긴장했다. 마음이야 굴뚝같았지만, 저렇게 작고 여린 새끼는 맡아 본 적이 없었다.

"걱정하지 마라. 내가 바로 옆방에 있으니까. 너희들이 구했으니까 잘 돌볼 수도 있을 거야."

뜻밖에 개미박사님이 힘을 주었다. 아이들은 조심조심 코알라 새끼를 받아 들었다. 매기 선생님이 낡고 부드러운 면 주머니에 새끼를 넣고, 와니에게는 모자를 돌려주었다.

"이건 자원봉사자들이 만든 코알라 주머니야. 대를 이어서 계속 쓰고 있단다."

"가짜 주머니지만, 사랑은 진짜 엄마처럼."

아라는 코알라를 품에 안은 채 중얼거렸다.

"가엾은 코알라야. 아기는 우리가 잘 돌볼게. 그러니 편히 쉬렴."

자기 목숨 대신 새끼를 구했던 가엾은 어미 코알라 위에 흰 천이 덮이고, 딸깍, 불이 꺼졌다.

걱정과 불안, 희망이 뒤범벅된 마음으로 아이들은 밤새 뒤척였다. 당번을 짜서 새끼를 돌보기로 했지만, 자기 차례를 놓

칠까 봐 잠을 이룰 수 없었다. 잠꾸러기 와니도 제 차례가 되자 벌떡 일어나 군말 없이 젖병을 들었다. 호야는 꾸벅꾸벅 졸면서도 마지막 한 방울까지 우유를 먹였다. 아라와 미리도 잠깐 눈을 뜰 때마다 육아방을 쳐다보곤 했다. 아이들 모두 가엾은 새끼 코알라가 엄마 없이 맞이하는 첫날 밤이 따뜻하고 안전하기를 바랐다.

'고아가 된 어린 새끼들을 돌보는 수호천사는 없을까?'

구름 속에서 어슴푸레한 달이 모습을 드러냈다. 푸른 달빛이 작은 창문으로 스며들었다. 달이 세상에 마술을 부리고 있는 것 같았다. 어미 코알라를 덮은 흰 천 위로 푸른 먼지 같은 작은 불빛들이 풀썩이며 어둠 속을 떠다녔다.

날이 밝자, 개미박사님과 아이들은 보호소를 둘러보았다. 이곳에서는 코알라 외에도, 왈라비, 캥거루, 주머니쥐 같은 다양한 동물을 돌보고 있었다.

"주로 자동차나 개들에게 쫓기다가 다친 경우가 많지. 관광객이 늘어나면 로드킬도 많이 일어나. 숲이 개간되면서 살 곳이 없어져서 헤매다가 발견되는 경우도 많고. 상황이 여러모로 좋지 않단다."

그때, 빨강 머리를 길게 내려 땋은 소녀가 낡은 자전거를 타

고 나타났다. 발그레한 볼의 주근깨 소녀는 능숙하게 보호소 한쪽에 자전거를 댔다. 미리와 아라는 소녀를 처음 보고 빨강 머리 앤 같다고 생각했다. 어쩐지 오래전부터 알던 친구를 만난 느낌이었다.

"오, 마침 오는구나. 우리 보호소 자원봉사자를 소개할게요. 여러분이랑 친구가 되면 좋겠네요. 앨리도 11살이에요."

"안녕? 앨리라고 해. 여기서 엄마를 돕고 있어. 만나서 반갑다."

소녀의 이름은 앨리, 매기 선생님의 딸이었다.

"아, 유능한 야생 동물 구조가라던 사람이… 앨리였군요!"

개미박사님은 예상치 못했던 일에 오히려 재밌다는 듯이 웃었다. 매기 선생님 대신 앨리가 코알라 보호소를 안내했다.

"여긴 특히 코알라로 유명했거든. 전부 유칼립투스 숲이니까. 산불 때는 나도 동물들을 구조하느라 정신없었어. 불에 타고, 길을 잃고, 패닉에 빠진 코알라들을 보는 대로 엄마 고물차로 실어 날랐지. 하루 40마리 넘게 구조한 날도 있어."

코알라들은 각자의 우리 안에 있었다. 알파벳 Y자 모양의 나무에 잠자듯 매달려 있었는데, 신기하게도 앨리가 들어가자 모두 소리를 내며 아는 체를 했다.

"코알라들은 신선한 잎사귀만 찾기 때문에 매일 나뭇잎을 구해 오지. 식성이 아주 까다롭거든. 덕분에 어떤 잎사귀를 좋아하는지 감별할 수 있게 되었어."

"말하자면 넌 유칼립투스 나무꾼이구나?"

"응. 신선한 유칼립투스 잎사귀를 구하는 게 내 주 업무야."

"애들은 왜 아직 보호소에 있는 거야? 치료가 안 끝나서?"

"최근에 다치거나 보금자리를 잃고 들어온 녀석도 있고, 저번 산불 때 들어와서 여기서 쭉 살고 있는 코알라도 있어."

"산불 때부터 지금까지 쭉? 왜?"

앨리는 대답하려다 말고, 슬픈 표정을 지었다.

"누군가 돌봐 주지 않으면 살 수 없는 녀석들이 있어."

앨리는 조심스럽게 또 다른 코알라 우리를 열었다.

"얘는 릴라야. 나를 얼마나 좋아하는지 몰라. 릴라는 내가 먹여 주지 않으면 밥도 안 먹어."

앨리는 바닥의 통나무에 엎드려 있던 코알라를 조심스럽게

흔들어 깨웠다. 코알라가 천천히 고개를 들자, 아이들은 저도 모르게 숨을 멈추고 말았다.

"릴라는 큰 화상을 입었어. 한쪽 눈알은 빼낼 수밖에 없었지."

릴라의 얼굴은 가죽이 벗겨져 얼룩덜룩했고, 눈이 있던 자리는 움푹 꺼져 있었다. 아라는 눈물이 나오려는 것을 겨우 참았다.

"릴라는 괜찮아. 코알라 세상에서 얼굴은 그다지 중요하지 않거든."

"릴라는 숲으로 돌아가지 못했어?"

"응. 발톱 때문에."

발톱이라니? 아이들 시선은 릴라의 발가락으로 향했다. 맙소사, 손톱과 발톱이 있어야 할 자리엔 뭉툭하게 허연 뼈가 드러나 있었다.

"불이 붙은 나무를 꼭 움켜쥐고 놓지 않는 바람에 발톱이 숯처럼 타 버린 거야. 발톱은 재생이 안 된대."

이런 비극이 익숙한 듯 담담하게 설명하는 앨리의 모습 때문에 아이들은 더 슬퍼졌다.

"릴라는 이제 유칼립투스 나무에 오를 수 없어."

앨리는 갑자기 말을 멈췄다. 그제야 테이블 위 흰 천에 덮인 코알라 시체를 보았기 때문이었다. 간밤에 무슨 일이 있었는지 아직 듣지 못한 것이다.

앨리는 조심스럽게 다가가 천을 벗겼다. 앨리는 천천히 어미 코알라의 털을 쓸어 보고, 귀와 발, 손가락을 하나하나 만져 보았다.

어떤 일에도 담담하던 앨리는 갑자기 흐느끼며 울기 시작했다.

"네가 왜 여기에… 너를 어쩜 좋지….."

아이들은 영문도 모르고 같이 울었다. 눈물이 전염되었다. 차에 치여 죽은 코알라와 앨리는 어떤 관계일까 궁금했다.

"이 코알라는… 내가 구해 준 코알라야."

앨리는 코알라의 발목에 채워진 노란 인식표를 발견하고 더 크게 흐느꼈다. 뺨에서 흐른 눈물이 방울방울 코알라의 몸에 떨어져 내렸다. 눈물은 천천히 코알라의 털을 적시며 온기 잃은 몸에 스며들었다.

그리고 무슨 일이 일어났을까? 갑자기 주변이 초록빛으로 물들면서 사방으로 퍼져 나갔다. 어디선가 햇살이 비치더니 주변이 온통 끝없는 푸른 숲으로 변했다. 정신을 차려 보니 아이들은 모두 유칼립투스 숲의 일렁이는 그림자 속에 들어와 있었다.

'칼라하리 사막 코끼리 무덤에서 무왕가 할머니도 이렇게 나타났잖아.'

'밤도 아니고, 꿈을 꾸는 것도 아닌데, 다 함께 환상을 보다니.'

아이들은 서로 눈을 마주치며 같은 생각을 했다.

마침내 앨리의 눈물방울은 푸른 먼지처럼 주위를 떠돌던 코알라의 영혼을 깨웠다. 잠에서 깨어난 코알라 애시의 영혼은 천천히 제 이야기를 들려주기 시작했다.

싸아아

4. 반딧불이의 밤

 쉿! 누가 나를 불렀어? 누구야? 나를 깨운 게? 대체 무슨 일이 일어났던 거죠? 머리가 뒤죽박죽, 지난 기억들이 조각조각 떠올라요.

 나는 유칼립투스 숲에 사는 코알라예요. 내가 처음 세상 구경을 한 날이 기억나요. 우리 코알라들은 태어나서 6개월까지 엄마 주머니 속에서 지내거든요. 주머니 속이 못 견디게 답답하고 좁다고 느꼈을 무렵, 나는 용기를 내어 주머니 밖으로 쓱 고개를 내밀었습니다. 너무 순식간에 벌어진 일이라 엄마도 깜짝 놀랐나 봐요.

어라? 뭔가 이상한데?

왜냐하면 하늘은 초록빛이고, 숲은 파랬거든요. 알고 보니 나는 거꾸로 물구나무를 선 채였더라고요. 기다란 발톱이 달린 엄마 손이 내가 밑으로 떨어지지 않도록 부드럽게 붙들어 바로 세워 주었습니다. 그제야 난 하늘과 끝없이 펼쳐진 초록 숲을 볼 수 있었습니다. 그렇게 주머니 밖 세상을 처음으로 마주하게 되었죠.

내가 엄마를 닮았다고요? 나 정말 이렇게 생겼어요?

나는 처음으로 엄마 얼굴을 제대로 볼 수 있었습니다. 둥근 귀와 커다란 코, 단추처럼 반짝이는 눈, 복슬복슬 온몸을 뒤덮은 털. 내가 정말 이렇게 생겼나요?

그래. 내 눈동자에 비친 네 모습을 봐.

엄마와 나는 한참을 그렇게 바라보았습니다. 나는 엄마의 축소판이었어요!

마침 바람이 불고 초록 물결이 밀려와 우수수 소리를 내며 몸을 떨었습니다. 유칼립투스 나무들이 바람결에

나뭇잎을 비비며 내는 소리였어요. 그게 바로 코알라들 음악이래요.

안녕? 안녕? 안녕, 안녕, 안녕….

나무들도 내게 인사했습니다. 나무도 자기만의 방법으로 말을 합니다.

하늘 아래 온통 초록이 끝없이 이어져요. 저게 숲이라는 거예요? 우리 코알라들이 사는 유칼립투스 숲?

너에게 멋진 그림을 보여 줄게.

엄마는 나를 등에 업고 나무를 탔습니다. 우리를 '나무 타기 곰'이라고 부른다더니, 정말 빨라요. 엄마는 아주 크고, 높고, 오래된 나무로 건너갔습니다.

나는 할머니 나무란다. 여기서 제일 나이가 많아. 이 숲의 나무들은 모두 내 딸이야.

유칼립투스 나무들은 모두 한 가족이래요. 할머니 나무를 중심으로 모두 연결되어 있대요. 엄마는 점점 높이 올랐습니다. 나무 잎사귀가 바스락거리고, 내 털이 포근한 바람을 맞아 부드럽게 찰랑거리는 걸 느꼈습니다. 드디어 나무 꼭대기에 도착했습니다. 내 눈앞에 펼쳐진 세상은….

우와, 정말 끝없는 초록이네요.

그게 코알라의 세상이에요. 코알라 세상은 '끝없이 이어진 거대한 초록'이 정말 맞았어요. 하늘은 어느새 어두워져 캄캄했습니다. 밤이 내리자, 초록 잎사귀 사이를 떠돌며 일렁거리는 작은 불빛들이 보였습니다. 반딧불이들이었죠.

저길 봐. 숲의 정령들이 나타났어.

나뭇가지마다 헤아릴 수 없이 많고 작은 불꽃들이 살랑거리며 날아다니고 있었어요. 정말이지 멋진 풍경이었습니다. 나는 엄마 목덜미를 꼭 붙들고 일어섰지요. 작은 반딧불이들은 무리를 이루어 나를 감싸고 돌았습니다. 아름다운 나선형을 그리며 천천히 내려앉더니 깜박거리는 거예요.

안녕? 안녕? 안녕? 안녕….

반딧불이들이 인사했습니다. 꼭 유칼립투스 숲의 축복을 받는 기분이 들었지요.

나뭇가지를 살짝 흔들어 봐. 반딧불이들이 네가 세상에 나온 걸 축하해 줄 거야.

엄마가 시키는 대로 가지를 잡고 살살 흔들었습니다. 그러자 순식간에 내 주위로 불꽃들이 요동치면서 회오리치는 게 아니겠어요? 그동안 다들 어디에 숨어 있었는지, 갑자기 주위가 온통 반딧불이로 가득 찼어요. 색색의 아름다운 불꽃들이 춤추듯

이 일렁거리며 엄마와 내 주변을 휩싸고 돌았습니다.

그림처럼 잘 기억하렴. 네가 처음으로 세상 구경을 한 날이니까.

그래요, 코알라의 세상이란, 온통 끝없이 이어진 숲과 별의 강이 흐르는 하늘과 어둠이 내린 유칼립투스 나뭇가지 사이마다 밤의 정령 반딧불이들이 떠도는, 그런 곳이었습니다.

우리 초록 숲에서 언제까지나 행복하게 살 거죠, 엄마?

나는 엄마가 선물한 이 그림을 마음 깊이 새겼습니다.

부스스스 바람이 불자, 나무마다 숨어 있던 코알라들이 모습을 드러냈습니다. 세상에나, 정말 놀랐어요. 엄마랑 나 말고도 이렇게 많은 코알라들이 있다니! 내가 코알라라는 걸 깨닫자, 그제야 다른 코알라들이 보였어요.

유칼립투스 나무 한 그루에, 코알라 하나씩. 이웃 나무 코알라들이야. 인사하렴. 릴라 아줌마야. 저쪽은 올리 아저씨.

인사는 어떻게 하는 건데요?

그냥 널 잘 볼 수 있게 얼굴을 보여 주면 돼.

나는 엄마가 시키는 대로 했습니다. 이웃 나무 코알라들이 내 모습을 볼 수 있도록 몸을 쭉 펴고 기지개를 켰습니다. 그러고는 바로 숨었지만요. 어쩐지 부끄러웠어요. 그러자 릴라 아줌마 등에 매달려 있던 귀여운 새끼도 인사를 했습니다.

나 더 크면 재랑 친구 해도 돼요?

언젠가 나도 어른 코알라가 되면, 나만의 유칼립투스 나무를 찾아서 집으로 삼고, 평생토록 유칼립투스 나뭇잎을 먹으며 살겠죠. 유칼립투스 나무 한 그루에, 코알라 하나. 언젠가는 나도 짝을 찾고, 짝짓기를 하고, 그래서 나도 분명 우리 엄마가 그랬던 것처럼 아기를 낳고 기르게 되겠죠.

후덥지근한 여름밤이 이어졌어요. 나는 덩치가 커져서 밖에 나와 있는 시간이 점점 길어졌죠. 가끔은 엄마와 떨어져 혼자 있기도 했습니다. 운이 좋으면 새로운 친구를 사귈 수도 있었어요.

한번은 누가 시끄럽게 굴길래 쳐다봤더니, 검정 앵무새였어요. 온몸에 검은 망토를 두른 듯 아름다운 광택이 돌았고, 붉은 꽁지깃이 정말 멋졌어요.

조심해. 도망쳐. 조심해. 도망쳐. 뜨거워. 뜨거워. 뜨거워.

무슨 일이냐고 물었더니, 화난 듯이 푸드덕대며 날아가 버렸답니다.

요새 잎사귀 맛이 변한 것 같지 않아요?

　그래요, 릴라. 너무 건조해요. 수액이 말라 버렸어요.

　너무 오랫동안 비가 내리지 않았어요.

　새벽에 바늘두더지 가족이 이사 가는 걸 봤어요.

　아무래도 이상해요. 혹시 새들에게 들은 거 없어요?

엄마와 릴라 아줌마는 이사를 생각하는 것 같았어요. 코알라에게는 코알라만의 특별한 감각이 있습니다. 이를테면, 유칼립투스 잎사귀들이 바람과 나누는 노랫소리를 듣고 날씨를 파악할 수 있어요. 숲에서 불어오는 바람을 맛보면, 언제 이사를 해야 할지 결정할 수 있어요.

　이사하려면 서둘러 움직여야 해요.

엄마와 릴라 아줌마는 먹을 게 부족해질까 봐 걱정했어요. 비가 내리지 않으면 유칼립투스 나무는 병이 들고, 병든 잎사귀는 맛이 없어요. 그걸 먹은 코알라도 병이 들지요. 그럴 때 코알라들은 이사를 해요.

　난 유칼립투스들이 부르는 노래를 들었어요. 나도 나무들이

하는 말을 알아듣거든요. 나무들은 코알라들과는 참 달라요. 나무들끼리 통하는 냄새와 신호로 대화해요. 그런데 그 노랫소리가 오늘따라 이상해요.

도망쳐 도망쳐 도망쳐 도망쳐 도망쳐….
달아나 달아나 달아나 달아나 달아나….

유칼립투스들이 속삭이는 소리를 쫓다 보니 꽤 높이 올라왔어요. 곧 해가 지고 반딧불이의 춤이 시작될 시간이에요. 나무들이 내게 알려 주려는 게 대체 무엇일까요? 머리가 핑글핑글 돌고 아프니까 그만 생각해야겠어요.

난 나뭇가지에 앉아서 반딧불이를 구경하기로 했습니다. 바람 한 점 불지 않는, 사방이 꽉 막힌 유리병에 갇힌 것 같은 답답한 기분이 들었어요. 반딧불이 춤을 보면서 기분이 좋아지기를 바랄 수밖에요.

오늘 밤 반딧불이의 춤은 엄청나구나. 정말 멋있어.

그날 밤의 춤은 정말 대단했습니다. 반딧불이는 저 멀리 활활 타오르듯 빛나고 있었습니다. 반딧불이가 얼마나 많은지 기다란 띠가 되어 멀리서부터 다가오고 있었지요. 수많은 반딧불이가 타닥타닥 소리를 내며 어둠에 잠긴 숲을 삼키며 회오리쳤어요. 주위가 환하게 빛나면서 점점 견딜 수 없는 열기가 느껴졌어요. 나는 손을 뻗어 이리저리 휘날리는 작은 반딧불이를 잡았습니다.

앗! 뜨거워.

처음 느끼는 고통이었어요. 그때 어디선가 애타게 나를 부르는 엄마 목소리가 들렸어요. 큰일 났어요. 엄마가 저런 소리로 울부짖는 건 처음 봐요. 난 서둘러 엄마를 찾아 아래로 내려갔어요.

나무 꼭대기로! 올라가! 도망쳐!

이웃 나무에 사는 올리 아저씨였습니다. 아저씨는 공포에 질려서 허둥거리고 있었지요. 나는 제멋대로 놀러 나온 걸 후회하며 울었습니다.

엄마, 나 여기 있어요. 구해 주세요. 엄마!

저 멀리 숲이 활활 타오르고 있었어요! 그건 반딧불이도 아니고, 별들이 머리 위로 아름답게 쏟아져 내리는 은하수도 아니었습니다. 말 그대로 숲이 활활 불타고 있었습니다! 해가 져서 완전히 어둠에 잠긴 시간인데도, 대낮처럼 밝았습니다.

엄마 주머니로 다시 들어가고 싶어.

나는 무서워서 나뭇가지를 붙들고 매달려 있었습니다. 그 순간, 기적처럼 나뭇가지를 헤치고 엄마의 동그란 얼굴이 나타났

습니다.

　　죄송해요…. 제멋대로 돌아다녀서….

　　엄마 눈동자는 공포와 안도가 뒤섞인 채 커다랗게 빛나고 있었습니다. 나는 엄마를 꼭 붙들고 다시는 놓치지 않겠다고 다짐했습니다. 엄마는 억센 팔로 나를 등에 업었습니다.

　　꽉 잡아. 아래로 내려갈 거야.

　　누가 코알라가 느리고 굼뜨다고 했나요? 난 엄마가 그렇게 빨리 움직이는 건 처음 봤어요. 그때 멀리서 무시무시한 소리가 들렸습니다.

　　우지끈! 펑! 빠사삭! 쏴아아아아….

　　불이 붙은 나무가 폭발하는 소리였습니다. 유칼립투스 나무의 기름에 불이 붙어 폭죽처럼 터지는 소리예요. 숲에 기름을

부은 듯 사방이 불타올랐습니다. 폭발한 나뭇가지 조각들이 반딧불이처럼 흩어지며 날아다녔습니다. 그러고는 다시 이웃 나무들에 옮겨붙었어요. 더 이상 아름다운 반딧불이가 아니었어요.

엄마는 전속력으로 달렸습니다. 난 나무 아래 세상은 처음이었고 엄마 등에 매달려 덜덜 떨고만 있었지요. 엄마가 땅바닥에 발을 디디는 순간, 우지끈, 무시무시한 소리와 함께 가장 나이 많은 할머니 나무가 버티지 못하고 쓰러졌습니다.

우당탕탕탕탕… 와르르르르… 쏴아아아아… 풀썩….

한참이 지나고 잿가루가 완전히 가라앉고 나서야 고개를 들었어요. 엄마는 나를 품에 안고 엎드려 있었습니다. 휴, 나는 털끝 하나 다치지 않았어요.

엄마, 우리 이제 어디로 가요?

나는 조그맣게 속삭였습니다. 엄마는 아무 대답도 하지 않았습니다. 사방이 활활 불타고 있었거든요. 난생처음 보는 작은 동물들이 수도 없이 쏟아져 나와 우왕좌왕 날뛰고 있었습니다. 개미 떼가 모조리 굴속으로 숨는 게 신기했어요.

할머니 나무가 쓰러져 산산이 쪼개지자, 나무들이 흐느끼며 울었어요. 나무들의 울음소리가 온 숲에 울려 퍼졌죠. 나무들은 움직이지 못해요. 그들은 눈물을 흘리면서 그대로 불길을 받을 뿐이었어요. 그렇게 숲이 나무들의 울음소리와 그 숲에 기대 살던 수많은 생명의 비명으로 가득 찬 거예요.

도망치다니, 어디로?

엄마는 절망적으로 중얼거렸어요. 내 시선은 처음 보는 새

까만 숯덩어리에 꽂혀 있었지요. 그건 폭발한 나뭇가지와 함께 추락한 올리 아저씨였어요.

엄마는 다시 달렸습니다. 모두가 함께 달렸어요. 주머니쥐, 하늘다람쥐, 바늘두더지, 왈라비, 캥거루, 코알라, 도마뱀과 개구리가 사방으로 달아났습니다.

엄마, 새들이 부러워요. 날개가 있으니까 멀리멀리 달아날 수 있잖아요.

쿵 소리를 내며 불타는 나무가 쓰러지면, 겁에 질린 동물 무리가 서너 갈래로 갈라져 이리 뛰고 저리 뛰었습니다. 누군가에게 불이 옮겨붙으면 선 채로 횃불처럼 활활 타기도 했지요. 다들 아우성쳤지만, 아무도 도울 수가 없었습니다.

아, 어쩌면 좋아. 어디로 간단 말이야.

울부짖는 엄마의 비명과 터질 듯한 심장 고동이 나에게도 느

껴졌어요. 작고 힘없는 내가 원망스러웠습니다. 올려다보니 하늘은 온통 타는 듯한 주황빛이었습니다.

툭, 투두둑, 후두둑….

오렌지빛 하늘에서 커다란 잿빛 덩어리들이 툭툭 떨어져 내렸습니다. 그런 건 처음 봤어요.

엄마, 저건 작고 가벼운 수다쟁이들이잖아요.

그래요, 새들. 하늘에서 우박처럼 후드득 떨어져 내린 건 숯덩이가 된 새들의 시체였어요. 날개가 있어 도망칠 수 있을 것 같던 새들은, 잿빛 회오리 연기에 갇혀 질식해 죽거나, 그대로 불구덩이 속에 떨어져 타 죽었어요. 그 수가 얼마나 많은지 하늘에서 검은 돌들이 마구 떨어져 내리는 것 같았습니다. 초록 숲이 시뻘건 불바다로 변했어요. 지옥이란 게 있다면, 바로 이런 거겠죠.

더는 못 가겠어. 너무 뜨거워.

엄마는 거친 숨을 내쉬었습니다. 엄마의 털은 여기저기 그을리고 오그라들었습니다. 나는 엄마를 가볍게 해 주려고 땅에 발을 내딛다가 깜짝 놀라 비명을 질렀습니다. 발이 타는 듯이 뜨거웠어요.

으앗, 이 뜨거운 걸 어떻게 참았어요?

어서 등에 타!

엄마는 소리를 버럭 질렀습니다. 불길은 바로 앞 덤불까지 번져 활활 타올랐습니다. 연기와 함께 무시무시한 불씨들이 회오리치며 날아들었습니다. 불붙은 시뻘건 땅이 개울물처럼 흘러내리며 모든 걸 불태우고 있었어요. 불붙은 땅은 강물처럼 흐르며 말 그대로 모든 걸 집어삼켰습니다.

비명도 지르지 못하고 그대로 불길에 휩싸인 캥거루 가족을 보곤 찔끔 눈물이 났습니다. 맙소사, 저기 등에 불이 붙은 아기 코알라가 있어요. 아기는 고통에 몸부림치며 엄마를 불렀습니다. 외침을 들은 엄마 코알라는 주저 없이 불길 속으로 뛰어들었습니다. 그건 이웃집 릴라 아줌마였어요!

우리 엄마는 비틀비틀 커다란 나뭇등걸 위로 올라섰어요. 마지막을 조금이라도 늦추려는 안쓰러운 몸짓이었지요. 엄마는 나를 부드럽게 안았습니다.

아가야, 엄마 눈동자를 봐. 너는 어디에 있지?

엄마 안에요. 엄마 눈동자 안에 내가 있어요.

잠깐 눈을 감았다 뜨면… 우린 꼭 다시 만날 거야. 끝없는 초록 숲 어디서든.

엄마의 몸이 커다란 이불처럼 부풀어 오르더니 포근하게 나를 감쌌습니다. 그리고 엄마는 자장가를 부르기 시작했습니다. 엄마 주머니에서 매일 들었던 그 자장가죠.

자장가를 들으며 본능적으로 엄마 주머니로 다시 들어가려고 했어요. 엄마가 자라고 했으니, 아기처럼 얌전히 잘래요. 뒷다리를 먼저 집어넣고, 몸통이 반쯤 들어갔을 때였습니다. 거꾸로 선 나에게 이상한 것이 보였습니다. 나뭇등걸 아래 풀숲에 덮인 한 무더기 검은 조약돌이 보였습니다. 뭔가 낯설고 신기한 것이었어요. 나는 엄마의 손을 잡아당기며 가리켰습니다.

검고 네모난 조약돌… 저게 뭐예요?

엄마는 겨우 눈을 떴습니다. 이제 내가 엄마를 검은 조약돌 무더기로 끌고 갔습니다. 엄마는 킁킁 냄새를 맡더니 주위를 살폈죠. 여기저기 네모난 검은 조약돌들이 흩어져 있는 모양이 꼭 무슨 이상한 신호 같았어요. 마치 여기로 따라오라는 듯한.

우리 더 가 봐요.

엄마와 나는 검은 조약돌 길을 따라갔습니다. 놀랍게도 수상한 네모 조약돌 무더기가 무너지며 땅 밑으로 커다란 구멍이 생겼습니다! 엄마와 나는 거기서 엄청난 크기의 땅굴을 발견했어요!

일단 저 아래로 피하자. 제발 저기까지 불길이 닿지 않길!

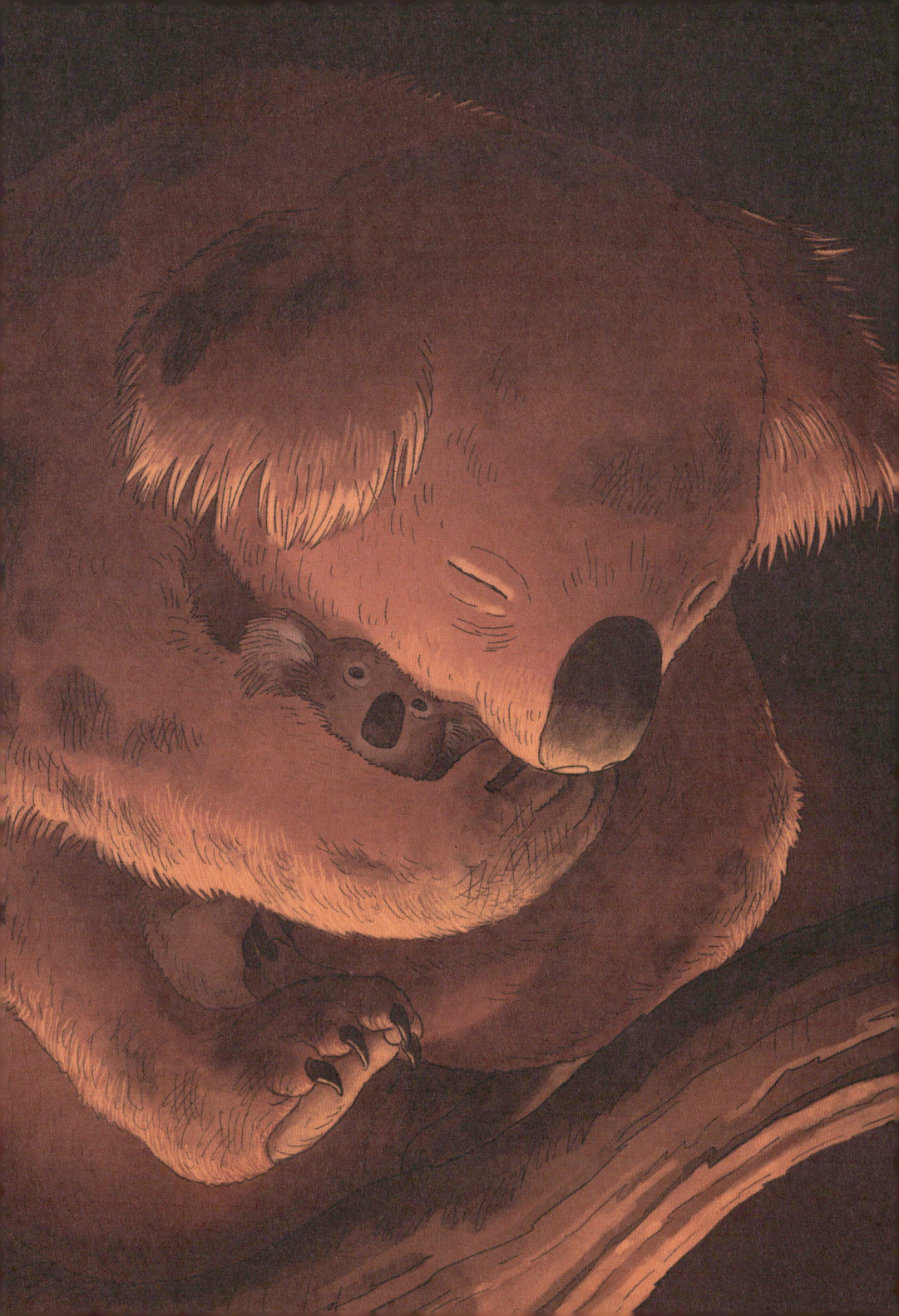

엄마는 나를 내려놓고 먼저 앞장섰습니다. 땅굴은 생각보다 넓고 복잡했어요. 굴이 아니라 지하 미로였습니다. 약속이나 한 듯 갈림길마다 표지판처럼 군데군데 네모난 조약돌들이 있었고요. 주인 없이 버려진 굴이라면 좋겠어요. 만약에 이 굴의 주인이 무시무시한 포식자나 맹수라면 어떡하죠?

앞서가던 엄마가 비명을 질렀습니다. 우리는 벌벌 떨었습니다. 혹시라도 성질 고약한 주인을 깨웠나 싶었거든요.

널찍한 굴에는 왈라비와 생쥐들이 옹기종기 모여 있었습니다. 모두 불길을 피해 지하 미로에 숨어든 피난민들이었죠. 어디선가 익숙한 목소리가 들렸어요.

이 바보, 멍충이, 느림보 같으니! 켁켁켁….

아, 앵무새 아저씨! 살아 있었군요.

느닷없이 도망치라며 경고하던, 검정 앵무새 아저씨였습니다. 깃털이 반쯤 뽑혀서 흉측한 모습이었습니다. 한쪽 날개는

화상을 입어 상처가 심했죠.

그때 굴 입구에 거대한 검은 그림자가 나타났습니다. 반쯤 어둠에 잠긴 그림자는 거칠고, 억세고, 사나워 보였습니다. 참고 참다 소란을 견디지 못하고 이 지하 미로의 주인이 나타난

게 틀림없어요.

킁킁킁, 킁킁킁, 씰룩씰룩….

털을 잔뜩 부풀린 채 육중한 엉덩이를 좌우로 흔들며 다가오는 그림자는 세상에서 제일 무서운 괴물처럼 보였습니다. 이제 우리 모두 산 채로 잡아먹히겠죠.

모두 비켜! 나는야 이 지하 미로의 주인이시다…! 읍!

피난민들을 집어삼키려고 돌진하는 무시무시한 괴물의 정체

가 무엇인지 알아차리기도 전에, 눈앞에서 와르르르 흙더미가 무너져 내렸습니다. 캄캄한 어둠이 찾아왔습니다. 어둠 속에서 엄마는 나를 힘껏 끌어안았습니다.

그날의 이야기는 여기까지예요.
내 영혼이 몸을 떠난 뒤에도 어떤 기억들은 사라지지 않나 봐요.

그리고 이어서 떠오르는 기억은 누군가의 얼굴입니다.
빨강 머리에 주근깨가 난 작은 소녀의 얼굴이요.
또 기억나요. 소녀의 목소리와 울음소리, 웃음소리도요.
'애시' 하고 내 이름을 부르는 소리도.

5년 전 산불이 일어났을 때 앨리는 여섯 살이었다. 앨리가 살던 집과 숲도 불탔다. 남은 건 모래와 잿더미뿐이었다. 유칼립투스 나무들은 선 채로 숯덩이로 변했다. 아름다웠던 나무들은 앙상한 숯이 되어 재와 모래 속에 검은 젓가락처럼 푹푹 꽂혀 있었다.

"숲이 아니라 화성 같아. 사람이 살 수 없는."

이곳이 정말 내가 매일 걷던 곳일까. 황금빛 새벽과 초록 공기로 가득하던 그 낙원일까. 모든 게 거짓말 같았다. 꼭 폭탄을 맞은 것처럼 숲은 처참하게 파괴되었다.

"울지 마, 힘을 내야 해."

스스로 다짐하듯 말했지만 계속 눈물이 났다. 앨리의 발걸음마다, 새까맣게 타 버린 동물의 사체가 하나씩 놓여 있었다. 발자국 하나에, 사라진 생명 하나. 불타 버린 시체마다 고통이 느껴졌다. 엄마와 아기 캥거루가 꼭 끌어안은 모습 그대로 뻣뻣하게 굳어 있었다. 타 죽은 코알라는 너무 많아서 하나하나 셀 수가 없었다. 철조망에 끼어 그대로 숯덩이가 된 왈라비와 불탄 나무 밑에 깔린 두더지와 주머니쥐, 새들의 시체는 검은 우박처럼 여기저기 흩어져 있었다.

"살아 있는 동물이 있나 잘 살펴봐."

엄마는 앨리를 다독이며 힘을 주었다. 수의사인 엄마는 심한 화상을 입은 코알라를 되는대로 이동장에 담아 실어 나르는 중이었다. 자원봉사자들이 왔지만, 일손은 턱없이 부족했다.

그때 앨리는 도로 한가운데 있는 코알라를 발견했다. 귀가 오그라들고, 피부는 화상으로 벗겨져 있었다. 코알라는 충격 때문인지, 고통 때문인지 몸을 부들부들 떨었다. 그러면서도 웅덩이에 고인 잿물을 핥으려고 했다.

"지금껏 코알라가 일부러 물을 먹는 걸 본 적이 없어요."

코알라는 오직 유칼립투스 잎의 수액을 마실 뿐, 평생 거의 물을 먹지 않는다. 코알라가 저렇게 물을 마실 정도라면 대체 어떤 고통을 겪은 것일까?

앨리가 생수병을 가져다 대자, 코알라는 열심히 받아 마셨다. 얼굴 가죽이 반쯤 벗겨진 코알라 때문에 울지 않기 위해 입술을 깨물었다. 코알라는 절대 빼앗기지 않겠다는 듯 두 손으로 생수병을 꼭 그러쥐었다. 그러자 새까맣게 탄 발톱이 살점과 함께 툭 떨어졌다. 코알라야, 네가 살 수 있을까?

"구조한 동물을 데리고 피하는 게 좋겠다. 아직 불길이 완전히 잡힌 게 아니야. 여긴 안전하지 않단다."

앨리의 아빠는 소방대원이었다. 며칠째 누워서 쉰 적이 없었다. 노란 방화복에 되는대로 왈라비 새끼를 감싸 내려놓았다. 왈라비는 모로 누워 아무 저항도 하지 않았다. 그때 앨리는 희뿌연 잿더미 속에서 풀썩이는 무언가를 보았다. 잿더미가 부르르르 떨리며 거친 흙먼지를 뿜어냈다.

"저기 뭔가가 있어요! 잿더미 아래요."

이윽고 잿더미 속에서 모습을 드러낸 건, 포동포동하고 살찐 커다란 엉덩이였다. 앨리는 조심조심 엉덩이 근처의 흙과 재를 파냈다. 질긴 나무뿌리와 재가 엉켜 쉽지 않았다. 확실했다. 이 포동포동한 엉덩이의 주인공은 바로,

"웜뱃이에요! 땅속 굴에서 불길을 피했나 봐요."

앨리는 기쁨의 눈물을 흘리며 아빠와 함께 미친 듯이 웜뱃을 파냈다.

켁켁켁켁… 크아악! 퉷! 퉷! 에취!

웜뱃은 온통 잿가루를 뒤집어쓴 모습이었다. 콧구멍을 벌름댈 때마다 까만색 콧물이 줄줄 흘러내려 먼지투성이 얼굴에 얼룩덜룩 콧물 길을 만들었다. 이 모든 끔찍한 비극 속에서도 웜뱃의 엉망진창 얼굴을 보자 웃음이 났다.

"너무 슬픈데, 너무 귀여워요."

앨리는 울다가 웃다가 했다. 토실토실한 웜뱃은 두더지 발톱을 단 귀여운 아기 곰 같았다. 다행히 엉덩이에 심한 화상을 입은 것을 빼고는 멀쩡했다. 엄마는 웜뱃 엉덩이에 조심스레 멸균 패드를 붙여 주었다.

웜뱃은 긴장이 풀어졌는지 엉덩이를 좌우로 씰룩대더니, 두두두툭, 갑자기 똥을 누었다. 검고 네모난 주사위 모양 똥. 누군가는 달콤한 초콜릿으로 착각할 정도였다. 세상에, 네모난 똥을 누는 동물이 있다니!

"저기, 동물들이 더 있어요! 빨리요! 도와주세요!"

"웜뱃이 엉덩이로 굴 입구를 막은 덕분에 동물들이 연기에 질식하지 않은 거야."

앨리 몸집이 작아서 다행이었다. 앨리는 굴 속으로 기어 들어가 흙더미에 묻힌 동물들을 파냈다. 왈라비와 도마뱀, 가시두더지가 하나씩 구조되어 나올 때마다 소식을 듣고 모여든 자원봉사자들이 기쁨의 비명을 질렀다.

"하느님, 감사합니다! 웜뱃 땅굴이 노아의 방주가 되었구나!"

제일 놀랐던 건, 캄캄한 땅굴에 붉은꼬리검정관앵무도 있었다는 사실이다. 사람들은 날개에 심한 화상을 입은 앵무새에게 응급 처치를 했다.

마지막으로 앨리가 눈을 꼭 감은 코알라를 파냈을 때 사람들은 다 같이 환성을 질렀다. 코알라는 섬의 마스코트 같은 존재였다. 누구라도 코알라를 보면 사랑에 빠지지 않을 수가 없으니까. 그러나 앨리 엄마의 말에 사람들은 다시 울기 시작했다.

"안타깝지만 이 녀석은 죽었어요."

"새끼가… 새끼가 있어요."

죽은 어미 코알라의 몸이 풀어지며 품에 안고 있던 새끼가 드러났다. 겨우 어미 등에 업혀 다닐 만한, 아주 작은 새끼였다. 앨리는 귀를 대고 새끼 코알라의 미약한 심장 박동 소리를 들었다.

"숨을 쉬어요!"

그때는 알지 못했다. 앨리와 이 아기 코알라가 운명적인 끈

으로 평생 이어질 것을 말이다.

며칠 뒤, 구글 대문에는 '2019 호주 산불 올해의 사진'으로 앨리와 아기 코알라 사진이 실렸다. 그 사진은 이제 세상 사람 모두가 기억하게 되었다.

"아기 코알라를 살리기 위해 온 힘을 다할 거예요. 엄마 코알라 소원일 테니까요."

앨리의 인터뷰는 전 세계로 퍼져 나갔다. 이 작은 코알라는 절망에 지친 사람들에게 희망의 상징이 되었다. 그렇게 아기 코알라 이름이 자연스럽게 정해졌다.

애시. '잿더미'라는 이름의 아기 코알라는 제 이름처럼 잿더미 속에서 다시 살아났다.

애시와 앨리의 이야기가 끝났을 때, 아이들 얼굴은 눈물 콧물 범벅이었다. 앨리는 애시의 목숨을 구해 주었고, 이름을 지어 주었고, 회복되도록 돌봐 주었고, 마침내 새집도 찾아 주었다.

"나랑 약속했단 말야. 숲으

로 찾아가면 언제든 날 만나러 오겠다고."

앨리의 눈물방울은 애시에게 천천히 스며들었고, 아이들이 흘린 눈물방울도 공기 중으로 흩어졌다.

"애시, 이렇게 헤어질 순 없어. 애시야, 제발 돌아와…."

애시의 몸을 떠났던 푸른 먼지들은 눈물방울 주위를 감싸며 모여들기 시작했다. 어떻게 그런 일이 일어났는지 설명할 수는 없다. 그렇지만, 누군가의 진심과 사랑이 공기를 떠돌던 푸른 먼지들을 다시 모이게 한 것만은 분명하다.

나도 떠나고 싶지 않아. 누군가 나를 위해 울고 있네.

놀랍게도 애시의 영혼은 아직 공기 속을 떠돌고 있었다. 새끼 곁에 머물고 싶었기 때문이었다. 차에 치여 갑작스럽게 몸을 떠난 지 아직 하루도 지나지 않았고, 그때의 기억도 잃어버리지 않았으니까.

누가 날 부르고 있어. 내가 아는 목소리가. 누가 날 불렀지?

쉬이이이이이이익~.

애시는 멈췄던 숨을 내뿜고는 부르르 몸을 떨었다. 굳었던 몸에 피가 돌고, 세포 구석구석까지 힘차게 생명의 기운이 돌기 시작했다.

"앨리, 애시가 움직였어. 분명히 움직이는 걸 봤어!"

아이들이 믿을 수 없다는 듯 소리쳤다. 숨이 멎었던 가엾은 코알라는 마치 긴 잠에서 깬 듯 천천히 숨을 쉬었다. 마침내 코알라가 눈을 떴다.

"애시야!"

그렇게 다시 살아났다. 애시는 엎드린 채 고개를 들어 주위를 두리번거렸다. 마치 긴 꿈에서 깨어난 것처럼.

애시가 다시 살아났다는 소식에 매기 선생님과 개미박사님이 한달음에 달려왔다. 애시는 눈도 뜨지 않은 채 열심히 유칼립투스 잎사귀를 씹고 있었다. 아직 잠에서 완전히 깬 것 같지 않았다.

"어떤 과학으로도 설명할 수 없어요. 모든 게 놀랍도록 정상이에요."

매기 선생님은 몇 번이고 청진기를 대 보며 감격스러워했다. 앨리는 애시를 지켜보며 행복한 미소를 짓고 있었다.

"호주 사람들에게 코알라 애시는 희망 그 자체예요. 그런 코알라가 로드킬로 허무하게 죽었다는 소식을 전하자니 눈앞이 캄캄했거든요."

둘은 말없이 서로를 이해하는 영혼의 친구 같았다. 그 모습을 지켜보던 아이들은 작게 소곤거렸다.

"앨리한테 무슨 초능력이 있는 거 아냐?"

"맞아. 앨리 눈물이 닿으니까 동화에서처럼 스르륵 애시가 눈을 뜨던데."

평소에 호야라면 그런 게 어딨냐며 타박했을 거였다. 그런데 이번에는 호야도 진지한 표정이었다.

"우리 모두 코알라 꿈을 꾸었고 말야."

마침내 호기심을 참지 못하고 아라가 나섰다.

"앨리야, 네가 어떻게 한 거야? 애시가 어떻게 살아난 거야?"

앨리는 천천히 잎사귀를 씹는 애시와 머리를 맞대고 반쯤 눈을 감고 있었다.

"나도 설명할 순 없어. 그렇지만 '기적'이라는 말이 사전에 있는 걸 보면, 실제로 기적이 일어날 수도 있다는 생각은 들어. 너희는 기적을 믿지 않니?"

물론 믿지. 아이들은 다 함께 마음속으로 크게 외쳤다. 어쨌거나 애시가 다시 살아난 것만큼 행복한 일은 없을 것 같았다.

"꼬맹이를 데려오자. 엄청 기뻐할 거야."

아라가 고아방에 있는 새끼 코알라를 떠올리곤 손뼉을 쳤다.

"꼬맹이라니?"

앨리는 영문을 모르겠다는 표정이었다.

"몰랐구나? 애시에게 새끼가 있어."

"차에 치였을 때 애시는 숨을 쉬지 않았어. 그런데 애시 주머니 속에서 주먹이 쑤욱!"

"주머니 속에서 주먹이 쑤욱!"

아이들은 그때의 기억을 되살릴 때마다 재밌어했다.

"애시한테 새끼가 있다고?"

앨리가 눈물을 훔치며 웃었다.

"응. 아주 작아."

앨리는 고아방에서 데리고 온 새끼를 애시 옆에 조심스럽게 내려놓았다. 헝겊 주머니에서 벗어난 아기 코알라는 두리번거리더니 버둥거렸다.

"엄마와 떨어지기엔 너무 어렸는데. 애시가 다시 받아들일지 모르겠어."

"애시가 그사이 새끼를 잊었을라고?"

"가끔 어미가 새끼를 거부하는 경우가 있거든."

미리는 길고양이 로로를 주워 왔을 때를 떠올렸다. 로로도 새끼 때 어미에게 버려진 경우였다. 이상하게도 로로만 어미가 받아들이지 않았다.

앨리는 애시와 새끼에게서 눈을 떼지 않았다. 애시가 새끼를 알아볼까? 새끼는 어미에게 금방 달려갈까? 어미의 젖이 새끼의 건강을 회복하는 데 더 좋을 거라는데 어떻게 될까?

애시의 관심은 온통 신선한 유칼립투스 잎사귀를 먹는 것에

쏠려 있었다. 그때 옆에서 어미를 찾는 새끼의 색색거리는 울음소리를 들었다. 새끼는 세상에 홀로 남겨진 것처럼 따뜻한 엄마의 품을 찾아 울어 댔다. 그러나 애시는 전혀 관심을 두지 않았다. 마치 엄마인 적이 없다는 듯한 투였다. 오히려 먹는 데 방해가 된다는 듯 새끼에게 등을 돌려 버렸다.

"아, 애시가 왜 저러지? 새끼를 못 알아보나 봐."

아라가 안타까워서 발을 동동 굴렀다. 도무지 이해할 수가 없었다.

"시간을 두고 천천히 지켜보자꾸나."

개미박사님이 부드럽게 말했다. 새끼가 계속 울자, 졸거나 잠자고 있던 다른 코알라들도 술렁거렸다. 코알라들 모두 새끼 울음소리에는 예민해진다. 그때 귀를 찢는 울음소리가 들렸다.

쉬이이이익, 쉭쉭.

늘 얌전하고 조용했던 코알라 릴라였다. 얼굴이 반쯤 무너지고, 애꾸눈이 된, 발톱도 잃어버린 가엾은 릴라. 릴라가 계속 울부짖자, 애시가 천천히 등을 돌렸다. 릴라의 울부짖음을 듣고 애시는 몸을 부르르 떨었다. 긴 잠에서 깨어난 것처럼 몸을 털었다. 그제야 애시는 무언가 깨달은 듯했다. 한참을 이 낯설

고도 친숙한 작은 코알라 새끼를 바라보았다.

어디 갔었니? 사랑하는 내 아기. 가슴이 뻥 뚫린 것 같았는데 그게 너였어.

애시는 순식간에 모든 걸 기억해 냈다. 새끼는 스스럼없이 애시의 등에 업혔다. 재빠르게 엄마의 등을 타고 주머니 속으로 기어 들어갔다.

이제 집에 왔어요. 엄마 주머니가 내 집이에요.

애시가 새끼를 받아들이자, 릴라는 더 이상 울부짖지 않았다.

"우리 다 같이 애시에게 새집을 찾아 주러 가요."

앨리가 조그맣게 속삭였다.

"좋아. 더 이상 위험한 길을 건너지 않아도 되고, 들개에게 쫓기지도 않는 곳."

아이들 모두 고개를 끄덕였다.

"마침 적당한 곳이 있단다. 다윈박사님이 방금 캥거루섬 지형 조사를 마쳤거든."

개미박사님이 말했다. 잔소리에 질색하고, 제멋대로였던 비글호 아이들이 언제 이렇게 변했는지 놀라웠다. 아이들은 스스로 문제를 찾아내고, 해답을 찾기 위해 협력했다. 완벽한 해답이란 건 어차피 없다. 쉼 없이 진지하게 문제를 찾는 것, 어쩌면 그게 해답을 찾는 가장 좋은 방법일지 몰랐다. 그 변화가 바로 아이들의 성장이었다.

"애시를 위해서도, 우리를 위해서도 짧지만 특별한 여행일 거예요."

앨리가 알쏭달쏭한 말을 하며 웃었다.

비글호 대원들과 개미박사님, 강치와 제비, 핀과 구복이까지 모두 태운 풍선거미는 뒤뚱뒤뚱 숲을 헤치며 기어갔다. 잿더미였던 숲은 다시금 부드러운 초록으로 뒤덮여 있었다. 거기서부턴 걸어가기로 했다.

"숲이 불타고 다시 여길 왔을 때, 난 사람이 살 수 없는 화성 같은 데 온 줄 알았어. 새도, 벌레도, 풀도 전혀 없었어. 벼락 맞은 것처럼, 나무들은 선 채로 까맣게 숯이 되었어. 내가 매일 아침 걷던 숲이 완전히 죽어 버렸다고 생각했지. 그런데 죽은 게 아니었어. 까만 나무둥치에 이렇게 새잎이 돋다니. 대체 생명이란 뭘까? 이 힘은 어디서 왔을까?"

앨리는 이윽고 적당한 나무를 찾아 멈췄다. 말없이 눈으로 아이들에게 '여기가 좋겠어.'라고 속삭였다.

숲속에 깊이 들어온 후로 다들 아무 말도 하지 않았다. 마치 서로 목소리를 내지 말자는 약속을 한 것처럼. 대신 숲은 다양한 소리로 가득 차 있었다. 벌들이 앵앵대고, 굴뚝새가 날갯짓

하고, 주머니쥐들이 바쁘게 돌아다니는 소리가 뒤섞여서 들려왔다. 꼭 마법의 세계에 발을 디딘 것 같았다.

그중에서도 가장 낮고 아름다운 목소리로 이야기하는 건 바로 나무들이었다.

"유칼립투스 나무들이 서로 이야기를 하고 있어."

아라와 앨리는 나무 아래 서서 눈을 감았다. 하늘하늘하고 가녀린 잎사귀들이 바람에 스치는 소리 말고도, 나무들은 수많은 소리를 내뿜고 있었다.

그때 톡톡, 누군가 앨리의 머리카락을 두드렸다.

똑똑똑, 나 여기 있어.

애시였다. 개미박사님과 아이들 모두 숨을 죽이고 '쉿' 손가락을 입술에 댔다.

이제 다 왔어. 바로 여기야.

애시가 이끄는 대로 걸어 들어간 곳엔 불타 버린 커다란 나무 밑동이 있었다.

'여긴 나무가 없는데? 애시, 잎사귀가 풍성하게 잘 자란 나무를 찾아야지.'

그러자 애시가 손가락으로 불타 없어진 나무의 밑동을 가리켰다.

우리 모두의 어머니, 할머니 나무야.

이 숲을 만든 최초의 나무지. 우리 모두 이 할머니 나무의 씨앗에서 태어났어.

주위의 유칼립투스 나무들이 일제히 잎사귀를 흔들며 노래하자, 마법처럼 나무의 온전한 모습이 일렁이며 나타났다. 커다랗고 오래된 할머니 나무는 황금빛으로 반짝이고 있었다.

코알라들이 죽으면 푸른 먼지가 돼.

그 먼지들이 다시 유칼립투스 나무가 되고.

엄마 주머니 속에 있을 때 엄마가 이야기해 줬어.

엄마도 지금쯤 아름다운 유칼립투스 나무가 되었을 거야.

숲의 모든 나무 잎사귀가 일제히 낮은 목소리로 노래하는 게 들렸다. 귀에 들리지는 않지만, 몸으로 듣는 소리였다.

애시는 앨리의 품에서 벗어나 재빠르게 산불 뒤에 새로 자란 키 큰 나무 위로 기어 올라갔다. 애시는 천천히 나무를 껴안고 인사를 나눴다.

안녕하세요? 잘 부탁해요. 유칼립투스 님. 당신을 내 집으로 선택했어요.

나도 잘 부탁할게요.

유칼립투스 나무는 잎사귀를 비비며 진한 향기를 뿜었다.

언젠가 우린 생명의 동그라미에서 만난 적이 있는 것 같아요.

애시는 대답 대신 환한 미소를 지었다. 새로운 나무가 맘에 들어서 나무줄기를 꽉 껴안았다. 꼭 엄마 품에 안겨 있는 느낌이었다.

애시는 나뭇가지에 뺨을 비비고, 힘차게 손을 뻗어 잎사귀를 그러쥐었다.

7.
비밀 기지

"애시가 새집을 마음에 들어 하는 것 같았어요. 정말 고마워요. 너희들도 모두."

앨리가 진심으로 말했다.

"그런데 새로 찾은 숲도 나중에 개발되지 않을까 걱정이 돼요."

앨리가 걱정스럽다는 듯이 덧붙였다.

"5년 전에 애시를 풀어 준 곳에 대형 리조트가 생겼어요. 애시는 정든 곳을 떠나 이사할 수밖에 없었을 거예요."

"그런 걱정은 안 해도 돼. 그 숲은 누구도 망가뜨리지 못할 거란다. 영원히."

개미박사님이 의미심장한 미소를 지으며 대답했다.

"영원히요?"

"그 숲을 재단에서 몽땅 샀거든."

"샀다고요? 엄청난 돈이 들었을 텐데요?"

"뜻에 동참하는 사람들이 돈을 모았지. 한 푼 두 푼, 많은 사람들이 조금씩 모은 돈이었단다."

"사람들이 그 땅을 가만둘까요? 갑자기 멋진 호텔을 짓자고 하면요?"

"목재 공장이나 유칼립투스 기름 공장은요?"

아이들은 걱정이 태산 같았다.

"버려두려고. 그냥 아무것도 안 하고 놔두려고 그 숲을 샀단다."

"네? 뭐라고요?"

사람들이 그런 이유로 돈을 냈다니 믿을 수가 없었다.

"세상에는 그런 사람들도 있단다. 빈 땅을 보며 근사한 호텔을 상상하기보다 발밑의 작은 개미를 관찰하는 사람들. 혼자 빨리 가기보다 함께 천천히 가고 싶은 사람들."

개미박사님은 눈을 반짝이며 덧붙였다.

"그런 사람들을 '슬로우'라고 불러. 난 슬로우들을 많이 알고 있지."

앨리가 눈을 반짝이며 다가들었다.

"슬로우들을 만나고 싶어요. 그들과 친구가 되고, 함께 일하고 싶어요. 저도 슬로우가 될래요."

개미박사님은 그럴 줄 알았다는 듯이 싱긋 웃었다.

"사실 얼마 전부터 앨리 네가 슬로우가 될 자격이 충분하다는 생각을 하고 있었단다. 그래서 지금, 널 초대하는 거야."

아이들은 뛸 듯이 기뻤다. 비글호에 처음으로 새 친구가 타게 된 것이다!

"슬로우의 비밀 기지로 데려다주마. 당연히 엄마 허락도 받아 두었단다. 거기서 네가 좋아하는 많은 것들을 더 전문적으로 배우게 될 거야."

풍선거미가 일행을 바다사자들이 뒹구는 자갈 해변에 내려놓았다.

"다윈박사님! 비글호 운행을 재개합니다."

개미박사님이 외치자, 은빛 모래에 완벽하게 모습을 숨기고 있던 비글호가 천천히 모습을 드러냈다. 비글호의 깜짝 출현에 놀란 바다사자들이 날개 위에서 굴러떨어졌다.

"자, 바람이 좋구나. 목적지는 뉴사우스웨일스 퀸즐랜드, 곤드와나 비밀 기지."

비글호는 새 친구 앨리를 태우고 천천히 이륙했다. 아라, 미리, 호야, 와니 그리고 앨리를 태운 비글호는 높이 떠올랐다.

"자, 이번엔 우리가 비글호를 안내할게. 일단 너도 낱말 카드를 뽑지 않을래? 이게 뭐냐면…."

와니가 싱글거리며 낱말 카드를 내밀었다. 분명 똥 당번을 앨리에게 뒤집어씌우려는 속셈일 것이다.

"너 벌레 좋아해? 보는 것, 키우는 것 말고. 먹는 거 좋아해?"

아라가 앨리에게 말을 붙인다는 게 하필 벌레 먹는 이야기였다. 아이들은 금세 한 무리가 되어 비글호 복도를 이리저리 뛰어다니기 시작했다.

"자, 이제 곧 착륙할 거다. 다음 비행을 위해 비글호 정비를 해야 하니까 너희들 먼저 슬로우 비밀 기지 근처에 떨궈 주마."

아이들은 얌전히 좌석에 앉아 착륙 준비를 하고 있었다. 그런데 갑자기 떨궈요?

"네? 개미박사님은 같이 안 가세요?"

개미박사님은 다윈박사님과 열심히 바람의 이동 방향을 체크하더니 엉뚱한 대답을 했다.

"바람에도 길이 있단다. 기압과 온도, 계절에 따라 방향을 바꾸지. 그 길을 잘 예측하면, 바람의 길을 타고 이동할 수 있지."

점점 아리송해질 뿐이었다.

"자, 30초 뒤다. 어서 '민들레 우산'을 하나씩 골라잡아."

개미박사님이 가리킨 곳에는 아이들 키보다 큰, 우산 비슷한 것들이 가지런히 세워져 있었다.

"저게 뭐예요? 민들레 우산? 우와, 뭔지 모르지만 멋있어요."

민들레 우산은 바람에 따라 흩날리는 민들레 홀씨에서 착안해 의생학 연구소에서 개발한 이동 도구였다. 민들레 우산은 인공적인 동력을 사용하지 않는다. 얼핏 단순해 보이지만 정밀한 조립으로 만들어진 도구였다. 두 발을 올려놓을 수 있는 작은 발 받침과 방향과 속도를 조절하는 튼튼한 줄기로 구성되어 있었다.

"10, 9, 8, 7⋯."

아이들이 어리둥절해하는 사이, 개미박사님이 숫자를 세기 시작했다.

"설마, 지금 이걸 낙하산처럼 타고 내려가라고?"

눈치 빠른 호야가 제일 먼저 비명에 가까운 소리를 질렀다.

"으악, 그건…!"

갑자기 발밑의 네모난 공간이 푹 꺼지며, 아라가 사라졌다!

아라가 미처 못다 한 말은 분명히 '안 돼요!'였을 거였다.

"조종법은요? 아, 제발 박사님!"

호야와 미리, 와니 그리고 새 친구 앨리까지 아이들은 각자 골라잡은 민들레 홀씨를 타고 빙글빙글 회전하며 땅으로 떨어져 내리기 시작했다.

으아아아아아아악~!

단풍나무 씨앗을 닮은 독특한 유선형 모양의 비글호는 마치 하늘을 헤엄치는 은빛 물고기 같았다. 물고기의 아가미가 열리자 보석 같은 작은 비늘들이 아래로 떨어져 내리는 것이었다.

물론 그건 잔뜩 겁에 질린 다섯 친구들이었지만.

"어라? 나 처음인데 왜 조종을 잘하는 거야?"

아라는 어리둥절했다. 왜 개미박사님이 내리기 직전에 바람의 길 어쩌고저쩌고했는지 알 것 같았다. 민들레 우산은 바람의 이동을 따라 자연스럽게 회전하며 떨어지는 도구였다. 기계를 조작해서 이동하는 게 아니라, 목표 지점에 가기 위해선 자연을 관찰하고 바람의 길을 예측해야 했다. 가볍고, 자유롭고, 예측 불가능하다는 것. 그것이 전부였다. 정확한 목표 지점에 도달하기보다는 천천히 주변을 둘러보며 목표 지점 근처에 부드럽게 떨어뜨려 주는 놀이기구라고나 할까.

아이들은 거의 100미터씩 거리를 두고 각각 떨어졌기 때문

에 곤드와나의 슬로우 비밀 기지로 가려면, 스마트 워치로 방향을 찾아야 했다. 곤드와나는 태초의 원시림이 끝없이 펼쳐진 자연 보호 구역으로, 이런 곳에 비밀 기지가 있을 거라곤 전혀 상상할 수 없었다. 마침내 다섯 친구 모두 목적지에 도착했다.

곤드와나 슬로우 연구소. 목적지에는 달랑 푯말만 붙어 있었는데, 무성한 나뭇가지 사이로 햇빛이 비칠 때만 홀로그램 글자가 나타났다 사라졌다. 푯말을 손가락으로 문지르자, 거대한 나무처럼 보이던 것이 스르륵 유리문으로 바뀌는 게 아닌가.

나무로 위장하고 있는 엘리베이터였다.

"여기에 무슨 건물이 있을 것 같지는 않은데."

"우리를 어디로 데려가려는 거지?"

유리문이 닫히자, 엘리베이터는 놀라운 속도로 하늘을 향해 솟구쳤다. 울창한 나무 가지들에 가려 보이지 않던 하늘 끝까지.

"여기가 대체 어디야?"

"우린 나무 꼭대기에 와 있어. 우와, 저걸 봐."

슬로우 비밀 기지는 높이가 50미터는 되어 보이는 나무 꼭대기에 숨어 있었다. 가지 사이로 출렁다리가 거미줄처럼 복잡하게 이어져 있었고, 경사를 이용해 작은 도르래와 집라인을

타고 이동할 수도 있었다. 슬로우 비밀 기지는 한마디로 거대한 나무들을 방해하지 않고 나무 위에 지은 트리 하우스였다. 누구보다 트리 하우스에 관심이 많던 와니가 얼마나 흥분했을지는 상상에 맡기겠다.

"이건 내가 꿈꾸던 프로젝트야. 여긴 내가 꿈꾸던 장소라고!"

처음에는 나무 위에 지어진 멋진 비밀 기지에 놀랐지만, 점차 풍경이 익숙해지자 그 안에서 바쁘게 왔다 갔다 하는 수십 명의 사람들을 발견하고 입을 다물 수 없었다. 그들은 마치 거대한 나무에 사는 다람쥐와 도마뱀, 앵무새 같았다. 각양각색의 사람들이 나무 위를 이리저리 쏘다니며 저마다의 일에 몰두하고 있었다.

"무슨 환상 세계에 들어온 것 같아. 저 사람들은 다 누구지?"

그때 아이들 앞에 통통한 젊은이 하나가 집라인을 타고 나타났다. 밝은 갈색 머리에 덥수룩한 턱수염을 기른, 푸근한 곰 같은 미소를 짓는 청년이었다.

"안녕? 너희들이 온다는 소식은 들었다. 네가 앨리지? 너희들은 비글호 대원들이고? 난 라울이란다. 브라질 출신인데, 인

생의 절반은 슬로우로 보냈지. 덕분에 행복한 떠돌이 생활 중이야."

라울 아저씨는 어릴 적에 재규어에 푹 빠졌다고 한다. 그러다가 재규어들을 위한 야생 보호 구역을 만들자는 운동을 시작했고, 그게 슬로우의 출발이었다.

"앨리도 고향을 떠나 더 넓은 곳에서 다양한 사람들과 함께 배우고 일하고 싶다고 했다지? 그렇다면, 잘 찾아온 거야. 여기엔 너와 관심사를 나눌 친구가 아주 많아. 다들 개성이 무척

강하지만, 신기하게도 슬로우들끼리는 말이 잘 통하거든."

앨리는 코알라 외에도 새에 특히 관심이 많았다.

"그럼 전 여기서 새에 대한 공부를 하게 되나요?"

앨리의 얼굴이 발갛게 상기되었다. 비로소 자신이 와야 할 곳에 마땅히 온 느낌이 들었다. 만나는 사람들 모두 처음 보는 이들이었지만, 어쩐지 오래 알고 지낸 것처럼 친숙하게 느껴졌다. 자연과 생명에 대한 사랑, 그것이 슬로우들의 공통된 감각이었다.

"스스로 질문해야 해. 대신 해답은 우리 다 같이 머리를 맞대고 찾아보자."

앨리는 비글호 아이들에 둘러싸여 활짝 웃었다. 그때 라울 아저씨가 생각났다는 듯 작은 상자를 앨리에게 건넸다.

"침팬지박사님이 전해 달라던데? 네가 질문을 찾는 데 도움이 될 거래. 곧 다 같이 만나게 될 거라고 하시더라."

앨리는 천천히 상자를 열어 보았다. 작은 상자에는 푸른색 깃털이 들어 있었다.

"우와, 너무 멋있다."

아이들이 다가들며 신기해했다. 햇빛에 비추면 푸른색 깃털은 황금빛이 돌았다. 섬세한 털 사이마다 노란 반점이 찍혀 있어서 볼수록 신기했다. 앨리는 푸른 깃털과 함께 들어 있던 카

아직 조류학계에 보고되지 않은 새예요.
사라진 새를 찾아요. 그리고 그 새가 살아갈 숲을 지켜요.
새에게 이름을 주세요. 그러면 그 새는 세상에 존재하게 되는 거예요.
언제나 앨리를 지켜보고 응원하고 있어요.

- 침팬지박사가

SLOTH LOVERS OF THE WORLD

드의 짤막한 글귀를 읽었다.

앨리의 얼굴이 기쁨으로 발갛게 달아올랐다. 눈물방울도 톡 떨어졌다.

"왜 우는 거야, 앨리?"

"모르겠어. 누군가 내 마음에 불을 켠 기분이 들어. 이 아름다운 푸른 깃털의 주인이 생각나기도 하고."

그때 와니가 손가락으로 하늘 너머를 가리켰다.

"얘들아, 저런 새 봤니? 잠자리인가? 저게 대체 뭐지?"

곤드와나 비밀 기지의 푸른 하늘 너머로 이상하게 생긴 비행기가 지나가고 있었다. 앗, 조종석에 앉은 저 얼굴은 너무나 익숙한 개미박사님이었다!

"얘들아, 안녕! 조금 있다 떠날 거야. 다음 목적지는…."

개미박사님의 목소리는 바람 소리에 묻혀 들리지 않았다. 저렇게 간단한 프로펠러와 가벼운 날개로 설마 긴 비행을 하는 건 아니겠지?

"뭔가 불길해. 아마도 우리도 저걸 타게 될 것 같은데."

호야가 중얼거렸다. 그때 부웅~ 하고 개미박사님이 다시 눈앞에 나타났다.

"저게 보이니? 우리의 하늘길을 안내할 친구들이다."

개미박사님이 가리킨 곳엔 멀리 해변이 펼쳐져 있었다. 신기하게도 모래가 움직이는가 싶었는데, 그건 무수한 물새 떼였다.

"곧 도요새들이 알래스카로 향하는 비행을 시작한다. 우린 도요새를 따라갈 거야. 지구 반 바퀴!"

지구 반 바퀴요? 도요새를 따라서?

아이들의 표정은 여러분의 상상에 맡기겠다. 그럼 이만.

에필로그

"이게 바로 앨리가 여섯 살 때 보낸 편지예요. 소중히 포장한 깃털과 함께 재단에 들어왔더군요. 그때부터 전 앨리를 지켜보았죠."

침팬지박사님은 류와 함께 앨리의 편지를 다시 꺼내 보는 중이었다.

"사라진 새를 찾는다는 내용이군요."

"아마 섬에 살았던 굴뚝새 종류가 아닐까 싶어요. 안타깝게도 산불 이후로 더는 발견되지 않고 있어요. 그때 멸종된 게 아닌가 하고 추측합니다."

안녕하세요? 전 호주 캥거루섬에 사는 앨리라고 해요. 여섯 살이고, 동물을 아주 좋아해요. 얼마 전 우리나라에 아주 큰 산불이 난 거 아시죠? 궁금한 게 있어서요. 제가 매일 산책하는 숲에 살던 신기한 새가 있어요. 작은 굴뚝새 비슷하게 생겼습니다. 제가 붙인 이름은 미미모예요. 미미모오옹, 이렇게 울거든요. 한 열 마리? 스무 마리쯤 돼요. 확실히 두 마리는 넘어요. 왜냐하면 둘은 제 친구거든요. 그래서 확실해요. 제 친구의 모습을 그린 그림과 그 친구가 남긴 선물을 보냅니다. 아주 귀한 깃털이니까 나중에 꼭 돌려주세요. 제 친구가 존재했다는 증거니까요. 엄마가 그러는데, 이런 새는 본 적이 없대요. 이 새의 이름을 알 수 있을까요? 슬픈 사실은 산불이 지나가고 다시 가 보니, 아무것도 없었다는 거예요. 미미모가 영영 세상에서 사라져 버린 걸까요? 전 언제까지고 기다릴 거예요. 미미모를 다시 만나기를 매일 기도하고 있어요. 이 새의 이름을 찾아 주세요.

　　　　　　　　　　　　　　　　　- 호주 캥거루섬에 사는 앨리가

류는 앨리의 사진과 이름, 사는 곳 옆에 적힌 글귀를 보았다. 아마도 아이들의 간단한 특징을 담은 것 같았다.

"이번에 정식으로 슬로우가 되었어요. 씨앗을 또 하나 찾은 셈이죠."

"씨앗이 새싹으로 뿌리내린 겁니까?"

류도 이제 씨앗의 의미를 알게 되었다. 류는 진심으로 앨리라는 씨앗이 싹을 틔워 튼튼히 뿌리내리기를 바랐다.

"시간이 없답니다. 우리에게 남은 희망은 아이들뿐이에요."

침팬지박사님의 말을 들으며 류는 벽면을 가득 채운 수많은

사진을 보았다. 전 세계 곳곳에서 찾은 아이들의 사진과 이름, 나이, 지역 그리고 짤막한 설명글이 붙어 있는 일종의 씨앗 지도 같은 것이었다. 재단에서 비밀리에 오랫동안 추진해 온 비

글호 프로젝트의 설계도였다.

수많은 이름이 빼곡하게 붙어 있는 사진 앞에서 류는 반쯤 눈을 감아 보았다. 아이들의 얼굴이 마치 작은 씨앗처럼 흐릿하게 겹쳐 보였기 때문이었다.

'이게 바로 침팬지박사님이 생각해 왔던 미래의 종자 보관소 같은 것이었군.'

씨앗은 바로 아이들이었다. 다음 세대를 살아갈 사람들의 생각이 바뀌지 않는다면, 더 이상의 희망은 없었다.

류는 천천히 뒤로 물러나 벽면 전체를 채운 사진들을 바라보았다. 아직 비어 있는 칸이 많았다.

'빈칸을 채워야겠어. 그게 내가 할 일이야.'

류는 다시 한번 굳게 다짐했다.

개미박사의 생물학 교실

유대류란?

육아낭을 가진 포유류!

코알라는 유대류로 분류돼. '유대(有袋)'란 '주머니를 갖고 있다'는 뜻이지.

육아낭 속 새끼 코알라

아기 주머니 말씀하시는 거죠?

맞다. 그걸 육아낭이라고 부른단다.

인류를 포함한 대부분의 포유류는 태반류야. 태반류 새끼는 자궁 안 태반에서 영양을 공급받아 완전히 성장한 후에 태어나지.

오랑우탄은 태반류

태반류 새끼는 뱃속에서 오래 자라기 때문에 어미의 체력 소모가 크단다. 대신 높은 지능과 빠른 적응력을 가지고 태어난다는 장점이 있어.

그럼 유대류는 태반이 없어요?

아예 없거나 불완전해. 대신 2~3개의 자궁이 있어서 동시에 여러 새끼를 임신할 수도 있지.

유대류 새끼는 미성숙한 상태로 태어나서 엄마 몸에 있는 육아낭에서 성장한단다. 거의 태아 상태로 태어나기 때문에 갓 태어난 유대류 새끼는 모두 비슷하게 생겼어.

유대류의 임신 기간은 12~35일 정도로 매우 짧단다. 그만큼 태반류보다 뇌 구조가 단순한 편이야. 반면 빨리 출산할 수 있으니 번식에 유리한 점도 있지!

 입이 근질근질해서 나왔다~! 유대류에서 수렴 진화가 빠질 수 없지!

수렴… 진화요?

아, 박사님 이건 제 코너인데요! 하하, 어렵지 않으니 한번 들어 보렴.

나무늘보
코알라

사슴
캥거루

하늘다람쥐
유대하늘다람쥐

 세 쌍의 사진에서 위쪽과 왼쪽에 있는 동물은 태반류, 아래쪽과 오른쪽에 있는 동물은 유대류야.

서로 닮은 것 같은데요?

맞아. 닮은 꼴 유대류와 태반류는 아주 많아. 이 닮은 꼴 동물들은 독자적으로 진화했는데 생김새와 행동이 매우 유사하단다.

서로 다른 종인데, 비슷한 환경에 비슷한 방법으로 적응한 결과 닮은 꼴 동물로 진화한 거지. 이런 걸 수렴 진화라고 해.

 유대류는 호주에만 있는 건가요?

현재 호주에 200여 종, 아메리카에 70여 종 정도 있단다.

우리는 호주에서만 살지!

호주 대륙은 약 4500만 년 전에 아시아 대륙에서 분리되었어. 고립된 환경에서 경쟁자의 유입이 없었기 때문에 유대류가 번성할 수 있었던 거야.

개미박사의 생물학 교실

유대류의 종류

★ 귀여운 동물부터 무시무시한 동물까지!

 유대류는 발생 지역에 따라 아메리카유대류와 오스트레일리아유대류로 나눌 수 있어. 둘은 각자 독립적으로 진화하여 각기 다른 특징을 갖는단다.

오스트레일리아유대류는 경쟁 태반류가 없는 상태에서 번성했지. 유대류의 4분의 3 이상이 오스트레일리아유대류에 속하고, 대부분 초식성이야.

반면 아메리카유대류는 태반류와 경쟁 속에서 살아남은 종으로 잡식이나 육식인 경우가 많아. 대부분 호주의 유대류보다 크기가 작지.

주머니쥐(*Didelphidae*)

주머니쥐는 대표적인 아메리카유대류야. 유대류 중에서도 가장 원시적인 형태로 100여 종이 있어.

 새끼가 여러 마리네요!

50마리를 낳는 경우도 있다고 해. 위험에 처했을 때 죽은 척하는 걸로 유명하지.

캥거루(*Macropodidae*)

캥거루는 코알라와 함께 호주의 대표 유대류야. 이렇게 큰 캥거루도 태어날 때는 몸길이 2센티미터, 몸무게 1그램으로 매우 작아. 9개월 넘게 육아낭에서 자라다가 독립하게 되지.

캥거루는 크고 강한 뒷다리만을 이용해서 껑충껑충 뛰어다닌단다. 굵고 긴 꼬리가 중심을 잡아 주는 역할을 하지. 그래서 캥거루는 후진을 할 수 없어. 항상 앞으로만 가는 동물이야.

코알라(*Phascolarctos cinereus*)

둥근 귀와 큰 코를 가진 코알라는 나무에서 생활하는 초식 유대류야. 후각이 발달했고, 현존하는 포유류 중에서 체중 대비 가장 작은 뇌를 가졌다고 해.

코알라라는 이름은 호주 원주민 언어로 '물을 안 먹는다'는 말이래. 그만큼 물을 거의 먹지 않아. 하루 중 20시간 정도를 나무 위에서 자면서 보내고, 주로 밤에 활동하지.

태즈메이니아데빌(*Sarcophilus harrisii*)

으악. 이빨이 무시무시해요!

체중 대비 가장 강한 이빨을 가진 포유류라고 말하기도 한단다. 몸무게 10킬로그램 안팎의 작지만 강한 육식 유대류야.

호주 태즈메이니아섬에 주로 서식하고, 야행성이며, 시체 청소부 역할을 하기도 해. 먹이를 두고 싸울 때는 매우 공격적인 성향을 보인단다.

웜뱃(*Vombatidae*)

웜뱃은 굴을 파고 살며 매우 느린 속도로 움직이는 것으로 유명해. 꼬리가 거의 퇴화해서 코알라처럼 보이기도 하지. 실제로 코알라와 공통 조상을 가졌다고 해.

네모난 똥의 주인공이었지요!

맞다. 물기가 없는 정육면체 모양이라 잘 굴러가지 않아. 굴 주변에 쌓아 두면 영역 표시를 할 수 있지!

왼쪽은 '작은 캥거루'라고 불리는 왈라비야. 캥거루와 마찬가지로 앞발은 짧고, 뒷발이 크고 튼튼하지. 그래서 수컷들이 싸우면 이렇게 앞발로 권투하는 것처럼 보여서 '캥거루 복싱'이라고 부르기도 하지.

이 밖에도 다양한 유대류 동물들이 있단다. 포유류 중 태반류 다음으로 가장 성공한 분류군이 바로 유대류야!

개미박사의 생물학 교실

코알라와 유칼립투스

✿ 절대 뗄 수 없는 단짝!

코알라는 유칼립투스 잎만 먹어. 또 코알라들은 인생의 대부분을 이 나무 위에서 보낸단다. 유칼립투스는 코알라의 집이고, 밥이야.

 유칼립투스잎이 그렇게 맛있나요?

 사실 유칼립투스잎에는 독이 있어서 대부분의 동물은 이 잎을 먹지 않아.

 독이 있는 걸 코알라는 어떻게 먹는 건가요?

코알라의 치아는 잎을 잘게 부수기 좋은 구조이고, 긴 맹장은 섬유질 소화를 돕지. 결정적으로 코알라의 장에는 독성 있는 유칼립투스잎을 소화할 수 있는 특수한 미생물이 산단다.

 이렇게 남들이 먹지 않는 잎을 주식으로 하면 뭐가 좋을까?

 경쟁하지 않아도 돼요!

맞아. 코알라는 경쟁하는 대신, 영양분이 적고 소화가 어려운 유칼립투스잎을 먹고 긴 시간 동안 잠을 자면서 소화를 시킨단다.

코알라가 물을 안 먹는다는 얘기를 앞에서 했었지? 코알라는 하루에 500그램 이상의 유칼립투스 잎을 먹고, 그 잎 속의 풍부한 수분을 섭취하기 때문에 따로 물을 마시지 않는 거란다.

유칼립투스는 700종이 넘는데, 그중 코알라가 잎을 먹을 수 있는 건 30종 정도야. 코알라는 커다란 코로 유칼립투스 오일의 냄새를 맡아서 먹을 수 있는 나무를 찾아내지.

혹시 코알라가 유칼립투스에게 도움을 주는 것도 있나요?

좋은 질문이다!

코알라가 잎을 먹으면 잎이 과밀하게 자라는 것이 조절되지. 말하자면 코알라가 유칼립투스의 정원사 역할을 하는 거야.

잎이 빽빽하게 나면 안 좋은가요?

잎이 과밀하면 햇빛을 골고루 받기 어려워서 광합성 효율이 떨어진단다.

또 유칼립투스잎에는 기름 성분이 많아서 화재의 위험이 높은데, 코알라가 잎을 먹으면서 산불의 위험을 줄이는 효과도 있단다.

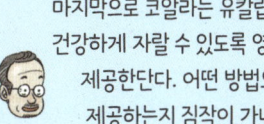

마지막으로 코알라는 유칼립투스가 건강하게 자랄 수 있도록 영양분도 제공한단다. 어떤 방법으로 제공하는지 짐작이 가니?

아, 알 것 같아요! 똥!

맞다. 잎을 먹은 코알라는 유칼립투스가 살고 있는 땅에 대소변을 배설하지. 이 배설물은 미생물 활동을 촉진해서 숲을 더 건강하게 만들어.

안타깝게도 근래 호주에서는 산불, 도시 개발, 농경지 확장 등의 이유로 유칼립투스 숲이 줄어들고 있어.

그럼, 코알라가 살 나무도 줄어드는 거네요….

그렇지. 2019~2020년 산불로 유칼립투스 숲이 불타고, 6만 마리의 코알라가 죽거나 살아갈 나무를 잃은 것으로 추정되고 있어. 이 때문에 코알라는 멸종 위기종이 되었단다.

개미박사의 생물학 교실

2019~2020 호주 산불

기후 위기가 불러온 비극

 호주 산불에 대해 더 알고 싶어요.

'블랙 서머'라고 불리는 호주 산불은 2019년 9월부터 2020년 2월까지 계속됐어.

 6개월 동안 꺼지지 않는 산불이라니 정말 무섭네요.

산불은 호주 남동부에서 주로 발생했어. 주요 도시인 시드니와 캔버라를 포함해서 뉴사우스웨일스주와 빅토리아주 해안이 큰 피해를 입었단다. 우리가 갔던 캥거루섬도 그중 하나지.

호주 산불 피해 면적은 1,860k㎡나 돼. 한반도 면적의 85퍼센트와 같은 크기지. 호주 전체 숲의 14퍼센트가 사라져 버렸어.

산불을 끄는 과정에서 사망한 10여 명의 소방관을 비롯해서 30여 명의 사망자가 발생했단다. 불타 없어진 집은 5,700여 채라고 해. 재산 피해도 호주 GDP의 4.9퍼센트에 해당할 정도로 컸어. 연기는 뉴질랜드 심지어 남아메리카까지 이동해서 대기 오염을 일으키기도 했지.

피해가 엄청나네요.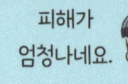

무엇보다 야생 동물들의 피해가 컸단다. 10억 마리 이상이 목숨을 잃었거든….

특히 코알라 같은 호주 고유종의 피해가 컸어. 전체 개체 수의 30퍼센트가 사라진 걸로 추정하고 있단다. 얼마나 뜨거웠을까요….

수많은 자원봉사자와 구조대원들이 죽은 어미의 육아낭 속에서 숨이 붙어 있는 새끼를 찾아내고, 화상을 입은 코알라들을 구출하는 노력을 했단다. 치료와 회복을 마친 개체들은 유칼립투스 숲으로 다시 돌려보냈지.

 이렇게 큰불이 왜 났을까요?

 가장 유력한 원인은 극심한 가뭄과 기후 변화야.

2019년 호주의 평균 기온은 사상 최고치였어. 강수량까지 대폭 감소해 식물에 불이 붙기 쉬운 상태였던 거지. 게다가 강한 바람이 불길을 빠르게 확산시키기도 했단다.

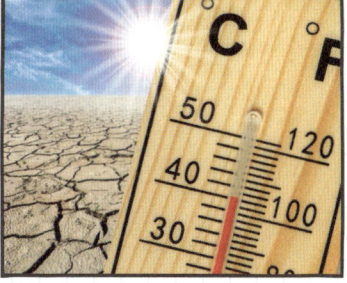

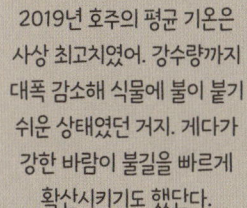 일부 산불은 번개에 의해 발생했다고 하고 심지어 사람들의 방화도 있었다고 해.

방화라니요….

호주 정부는 비상사태를 선포하여 대응했고, 미국과 캐나다 등 세계 각국의 지원과 기부도 이루어졌어. 다행히 2020년 1월 중순부터 비가 내리기 시작해서 진화가 가능했지.

 우리나라도 최근 산불로 심각한 피해를 입어서 안타까운 상황이야. 이런 비극을 줄이기 위해서 우리는 무얼 해야 할까?

기후 변화에 관심을 갖고, 탄소 배출을 줄일 수 있는 일을 찾아서 해야 해요!

자연을 그냥 그대로 두는 게 최선이라고?

37쪽

자연은 스스로 회복하는 '자연 회복력(ecological resilience)'을 가지고 있다. 생태계가 산불, 인간의 활동과 같은 교란이나 사건 이후에도 원래의 상태나 기능을 회복할 수 있다는 것이다. 자연 회복력은 생태계가 '균형' 상태를 유지하려는 경향에서 나온다. 생태계는 항상 변화하고 있다. 이 변화는 생물종 간의 상호 작용, 환경 조건 그리고 외부 교란에 의한 것이다. 이러한 변화가 생태계 기능에 큰 영향을 미치지 않는 한, 생태계는 이를 받아들이고 회복하려 한다. 연구에 따르면, 생태계의 회복을 위해서는 다양성이 중요하다. 종 다양성, 서식지 다양성 그리고 다양한 생태적 상호 작용이 자연 회복력의 핵심 요소. 예를 들어 다양한 생물이 존재하는 숲에서는 한 종이 사라지더라도 다른 종들이 그 기능을 대체하면서 생태계의 균형을 유지할 수 있다. 모든 생태계가 동일한 속도로 회복하는

자연은 스스로 회복하는 힘을 가지고 있다.

것은 아니다. 도시화, 농업, 과도한 자원 채취 등 심각한 교란이나 인간 활동은 자연 회복력에 큰 악영향을 미칠 수 있다. 일부 생태계는 일정 한계점을 넘어서면 원래 상태로는 돌아가지 못하고, 새로운 균형을 만들기도 한다. 예를 들어 산호초는 기후 변화나 해양 산성화로 인해 회복력이 크게 떨어졌고 일부 산호초는 교란 후 회복이 거의 불가능한 상태로 변하기도 했다. 생태계가 건강하게 회복할 수 있도록 돕기 위해서는 생물 다양성 보전과 함께 교란을 최소화하는 노력이 필요하다.

나무들이 대화를 한다고?

나무들의 대화를 '식물의 의사소통' 또는 '식물 네트워크'라고 한다. 나무들이 동물처럼 말을 하는 것은 아니지만 다양한 화학적, 물리적 신호를 사용하여 서로 정보를 전달하고 상호 작용하는 것으로 밝혀졌다. 이를 통해 나무들이 자원을 공유하고 위험을 경고한다는 것이 과학적으로 입증되었다.

식물의 의사소통 방법 중 하나는 화학적 신호를 이용하는 것이다. 나무는 스트레스나 해충의 공격과 같은 위협을 받으면 화학 물질을 방출하여 주변 나무들에게 위험을 경고한다. 이러한 경고 신호는 공기 중으로 퍼져 다른 나무들이 해충에 대응할 수 있도록 준비시키거나, 심지어 해충을 제거하는 화학 물질을 생성하여 방출하기도 한다.

2012년에 발표된 연구에 따르면, 아카시아는 먹히고 있는 나뭇잎에서 에틸렌이라는 화학 물질을 방출하여 인근 나무들에게 해충의 존재를 경고하고, 다른 나무들은 그에 맞는 방어 물질을 만들어 낸다.

나무들은 또한 균근(mycorrhiza)이라고 불리는 균류 네트워크를 통해 서로 연결되어 상호 작용을 한다. 이 네트워크는 균류가 나무의 뿌리와 연결되어 형성된 것으로 Wood Wide Web(WWW)이라고도 불린다. 나무들은 이 네트워크를 통해 자원을 공유하거나 정보를 주고받을 수 있다. 캐나다 수잰 시마드 교수의 연구는 나무들이 이 균류 네트워크를 통해 다른 나무들에게 탄소나 영양소 등을 전달하는 방법을 밝혀냈다. 이 네트워크는

식물들도 다양한 방법으로 소통하며 함께 살아간다.

나무들이 직접적으로 연결되지 않은 종들과도 자원을 교환하고, 심지어 어린 나무들에게 영양을 전달해 주는 중요한 역할을 한다.

일부 연구에서는 나무들이 소리나 진동을 통해 의사소통할 가능성도 제기되었다. 나무들이 진동을 통해 서로 신호를 주고받는 것은 아직 초기 연구 수준이지만, 일부 생리학적 연구에서는 나무의 진동이나 소리가 나무 내부의 상태 변화와 연결될 가능성도 있다고 한다.

나무들의 대화는 우리가 일반적으로 생각하는 언어처럼 소리를 이용한 의사소통은 아니지만, 화학적 신호, 생리적 반응, 균류 네트워크와 같은 복잡한 시스템을 통해 매우 정교하게 이뤄지고 있다. 이러한 연구들은 식물의 사회적 행동을 이해하는 데 중요한 기초를 제공하며, 자연에서 나무들이 어떻게 협력하고 상호 작용하는지 보여준다.

93쪽

코알라는 정말 물을 안 마실까?

코알라는 주로 유칼립투스 나무의 잎을 식량으로 하며 수분 섭취까지 해결한다. 몸의 크기에 따라 차이가 있지만 코알라는 하루에 약 500그램에서 1킬로그램의 유칼립투스잎을 섭취한다. 호주 시드니대 연구팀이 2006년부터 2019년까지 46마리의 코알라를 관찰한 결과 이들은 나뭇잎을 먹으면서 얻는 수분뿐 아니라 나무 표면을 주기적으로 핥으면서 물을 섭취하는 것으로 확인됐다.

코알라는 에너지를 보존하기 위해 하루에 20시간 이상 잠을 자고 밤에만 활동하며 천천히 움직이는 습성을 가지고 있어 에너지를 적게 소비한다. 이러한 특징들이 코알라가 물을 자주 마시지 않고도 생존할 수 있도록 돕는다.

초콜릿 모양의 똥을 누는 동물이 있다고?

웜뱃은 호주에 사는 작은 초식 동물로 몸길이는 1미터밖에 되지 않지만 건조한 지역에 살기 때문에 장의 길이가 10미터나 된다. 먹은 식물의 모든 수분을 흡수하기 위해 사람보다 4배나 느리게 소화시킨다고 한다.

웜뱃은 초콜릿이나 주사위처럼 보이는 네모난 똥을 누는 것으로 유명한데 미국 조지아 공대 퍼트리샤 양 박사 연구팀이 2018년 웜뱃의 항문이 사각형이 아니라 큰창자에서 이미 네모난 모양의 똥이 만들어진다고 발표했다.

2021년 과학저널 〈소프트 매터〉에 실린 논문에 따르면 4만 번의 장운동으로 사각형 단면이 형성되고 창자 내용물의 수분 농도가 70퍼센트 이하면 규칙적으로 금이 가서 정육면체 똥이 만들어진다. 이렇게 만들어진 똥은 웜뱃이 영역을 표시하거나 이성을 유혹하는 등 다른 동물과 소통하는 데 사용된다.

호주의 대규모 산불 사태로 인해 수많은 동물이 희생된 가운데, 자신의 땅굴을 다른 동물들과 공유하는 웜뱃의 습성이 알려지며 화제가 됐다. 생태학자들의 연구에 따르면 웜뱃은 자신의 굴에 다른 동물이 들어와 사는 것을 개의치 않는다. 이 덕분에 산불에 쫓긴 작은 동물들이 웜뱃 굴을 피난처 삼아 죽음을 면할 수도 있었을 것이다. 웜뱃의 이러한 습성에 감명받은 사람들은 소셜미디어에 웜뱃의 행동을 찬양하는 글을 올렸는데 호주 산불 사태에서 실제로 웜뱃의 굴이 피난처가 된 사례가 있었는지는 확인되지 않은 것으로 판명됐다.

미국 ABC 뉴스도 '사막의 넓은 면적에 분포하는 웜뱃의 굴은 평소에도 많은 동물들이 드나들고 있으며 이러한 특성이 의도치 않게 도움을 줬을 수 있다.'고 밝혔다. 특히 웜뱃 굴속의 온도는 지표면의 온도와 비교했을 때 매우 안정적으로 유지되어 화재가 났을 때 다른 동물들에게 안전

정육면체인 웜뱃 똥

한 피난처가 될 수 있다. 과거 다른 화재 현장에서도 왈라비가 웜뱃 굴에서 불을 피하는 행동이 관찰되기도 했다.

아무것도 안 하려고 숲을 사는 사람들이 진짜 있을까?

리와일딩(Rewilding, 활생) 운동은 생태계를 복원하고, 인간의 영향을 최소화하여 자연의 자생적 회복력을 키우는 것을 목표로 하는 환경 보호 운동이다. 유럽과 미국을 중심으로 활발히 이루어지고 있으며, 다양한 주제의 연구와 논문을 통해 개념과 실천 방식이 자리를 잡고 있다.

리와일딩은 크게 세 가지 주요 원칙에 따라 진행된다. 첫째, 멸종하거나 서식지가 파괴된 동물들을 다시 그 지역에 복원하여 자연적인 상호 작용과 생태적 균형을 회복하는 것이다. 둘째, 파괴된 서식지나 단절된 지역을 연결하여 동물과 식물들이 자유롭게 이동할 수 있도록 하는 것으로 생태적인 연결을 의미한다. 마지막으로 자연의 자생적 회복력을 최대화하기 위해 인간의 직접적 개입을 최소화하며, 자연스러운 생태계의 회복을 돕는 것이다.

유럽에서는 리와일딩이 1990년대 후반부터 활발히 논의되기 시작했다. 특히 유럽 대륙에서의 리와일딩은 멸종된 동물들을 복원하고, 자연 상태로의 복귀를 목표로 하는 프로젝트들이 진행되고 있다. 늑대는 중요한 생태계 역할을 담당하며, 그들의 존재는 초식 동물의 수를 조절하고, 생물 다양성을 촉진하는 역할을 하기 때문에 유럽의 여러 나라에서는 늑대를 다시 복원하는 프로젝트를 진행하고 있다. 여러 연구에서 늑대와 같은 큰 육식 동물의 복원이 생태계의 먹이사슬을 다시 활성화시키는 중요한 역할을 한다고 밝혀졌다.

미국에서도 리와일딩 운동이 점차 확산되

생태계 복원을 위해서는 회색 늑대와 같은 육식 동물의 복원이 필요하다고 한다.

고 있으며, 주요 목표는 북미 초원 복원과 큰 포식자의 복원이다. 대표적인 예로 옐로스톤 국립공원을 중심으로 늑대 복원이 이루어졌고 생태계의 중요한 먹이 사슬 구조를 회복하고, 초식 동물 수를 조절하여 식물들이 자생할 수 있는 환경을 만들었다.

우리나라 생명다양성재단에서도 2024년 '리와일딩 프로젝트 : 야생신탁'을 진행했다. 누군가의 재산이자 부동산으로만 생각되던 땅을 사람들의 모금으로 구입해 야생에 땅을 돌려주는 프로젝트의 1단계를 성공적으로 마무리했다. 자연이 스스로 회복할 수 있도록 내버려 두기 위해 식물을 심지도, 울타리를 치지도 않고 동물도 자연스럽게 찾아오게 한다. 우리나라에서 진짜 아무것도 안 하려고 사람들이 힘을 모아 땅을 산 첫 번째 사례이다.

민들레 우산이 정말 있을까?

민들레는 주로 바람을 이용하여 종자를 퍼트리는 풍매화다. 민들레 씨앗에는 솜털이 나 있는데 이 솜털이 씨앗을 공중에 떠 있게 하고, 쉽게 이동할 수 있도록 돕는다. 솜털은 매우 가벼워서 공기 저항을 줄여 씨앗이 긴 시간 동안 공중에 떠 있을 수 있게 한다. 솜털은 또 우산처럼 방사형으로 펼쳐져 있어서 바람이 불 때 멀리 이동할 수 있게 한다. 언젠가 동력이나 에너지가 필요 없는 민들레 우산을 발명하여 타고 날아다니는 날이 올지도 모른다.

민들레와 같이 바람에 의존하는 풍매화는 먼 거리를 이동하고 다양한 서식지에 자생하며 빠르게 확산할 수 있다. 이러한 방법은 풍매화가 여러 환경에서 성공적으로 생존하고 번식할 수 있도록 하는 중요한 특성이다.

우산 모양의 솜털은 민들레 씨앗을 멀리까지 이동시켜 준다.

최재천

평생 자연을 관찰해 온 생태학자이자 동물행동학자. 서울대학교에서 동물학을 전공하고 미국 펜실베이니아주립대학교에서 생태학 석사학위를, 하버드대학교에서 생물학 박사학위를 받았다. 10여 년간 중남미 열대를 누비며 동물의 생태를 탐구한 뒤, 한국으로 돌아와 자연과학과 인문학의 경계를 넘나들며 생명에 대한 지식과 사랑을 널리 나누고 실천해 왔다.

서울대학교 생명과학부 교수, 환경운동연합 공동대표, 한국생태학회장, 국립생태원 초대원장 등을 지냈다. 현재 이화여자대학교 에코과학부 석좌교수로 재직 중이며 생명다양성재단의 이사장을 맡고 있다. 《개미제국의 발견》, 《생명이 있는 것은 다 아름답다》, 《다윈 지능》, 《열대예찬》, 《최재천의 인간과 동물》, 《과학자의 서재》, 《숙론》 등을 썼다. 2019년 총괄편집장으로서 세계 동물행동학자 500여 명을 이끌고 《동물행동학 백과사전》을 편찬했다. 2020년 유튜브 채널 〈최재천의 아마존〉을 개설해 자연과 인간 생태계에 대한 폭넓은 이야기를 전하고 있다.

황혜영
대학에서 불문학과 영화시나리오를 공부했다. 도서, 만화, 영상, 캐릭터 등 다양한 콘텐츠 분야에서 스토리텔러와 작가로 활동했다. 고양이 넷, 뚱뚱한 닥스훈트 하나, 거북이 둘과 초록이 가득한 곳에서 느긋하게 산다. 지은 책으로《올빼미 시간탐험대》시리즈와《열두 살의 임진왜란》등이 있고, 번역한 책으로는《무슈장》,《만월》,《국가의 탄생》등이 있다.

박현미
제주 출생. 대학에서 산업디자인을 전공했다. 오래도록 애니메이션 업계에서 일했다. 극장용 장편애니메이션 〈마당을 나온 암탉〉, 〈언더독〉에서 미술 조감독으로 일했다. 어릴 적 꿈은 화가, 권법소녀, 로빈슨 크루소였고 요즘에는 만화가로 살고 있다. 언젠가는 직접 손으로 오두막집을 짓고 닭을 키우며 살기를 꿈꾸고 있다. 좋아하는 것은 만화, 고양이, 노래, 도서관, 뜨개질, 트레킹, 떡볶이. 직접 쓰고 그린 책으로는 환경 만화《멋진 지구인이 될 거야 1, 2》가 있다.

안선영
식물 생태와 에코 과학(융합 과학)을 전공하고 생명다양성재단 사무국장/책임연구원과 이화여대 에코과학부 연구원으로 일하고 있다. 11살 아들과 17살 시츄, 국립공원에서 일하는 남편과 백봉산 아래 자연과 친구 삼아 살고 있다. 과학을 대중들에게 쉽게 전달하기 위해 생활식물생태학, 바닥식물원 등 강연과 전시 활동을 지속하고 있다.

꽃을 흉내 내는 사마귀,
똥을 흉내 내는 벌레 등
재미있는 '의태'의 세계로!

강한 자만 살아남는다고?
느리고 약한 나무늘보도
자신만의 방법으로 살아남지!

남방큰돌고래, 귀신고래,
돌묵상어, 숨새, 해마,
먹장어 등 신비로운
바다 친구들이 기다려!

인간보다 훨씬 먼저
농사를 짓기 시작한 천재
개미들의 세계로 직접
들어가 보자!

3달 동안 먹지도 눕지도
않는 눈물 겨운 황제펭귄의
육아 현장으로!

어마어마하게 크고, 어마어마하게 다정하고,
어마어마하게 기억력이 좋은 코끼리들이
살고 있는 칼라하리 사막으로!

인간과 유전자의
99퍼센트가 같은 침팬지!
제인구달 선생님의
강력 추천 도서도 함께!

최재천의 동물대탐험
❽ 코알라 구출 작전

초판 1쇄 발행 2025년 5월 20일
초판 2쇄 발행 2025년 6월 23일

기획 최재천 글 황혜영 그림 박현미 해설 안선영
펴낸이 김선식

부사장 김은영
어린이사업부총괄이사 이유남
책임편집 이현정 디자인 강민영 책임마케터 안호성
어린이콘텐츠사업5팀장 이현정 어린이콘텐츠사업5팀 조문경 마정훈 강민영 조현진
어린이마케팅본부장 최민용 어린이마케팅1팀 안호성 이예주 김희연 기획마케팅팀 류승은 박상준
미디어홍보본부장 정명찬
저작권팀 성민경 이슬 윤제희 편집관리팀 조세현 김호주 백설희
재무관리팀 하미선 임혜정 이슬기 김주영 오지수
인사총무팀 강미숙 이정환 김혜진 황종원
제작관리팀 이소현 김소영 김진경 이지우 황인우
물류관리팀 김형기 김선진 주정훈 양문현 채원석 박재연 이준희 이민운

펴낸곳 다산북스 출판등록 2005년 12월 23일 제313-2005-00277호
주소 경기도 파주시 회동길 490 전화 02-704-1724 팩스 02-703-2219
다산어린이 공식 카페 cafe.naver.com/dasankids 다산어린이 공식 블로그 blog.naver.com/stdasan
종이 스마일몬스터 인쇄 및 제본 상지사 후가공 평창피엔지
사진 www.shutterstock.com

ⓒ최재천·황혜영·박현미·안선영, 2025
ISBN 979-11-306-6636-5 74470   979-11-306-9425-2 (세트)

- 책값은 뒤표지에 있습니다.
- 파본은 본사 또는 구입한 서점에서 교환해 드립니다.
- KC마크는 이 제품이 공통안전기준에 적합하였음을 의미합니다.
- 아이들이 책을 입에 대거나 모서리에 다치지 않게 주의하세요.

책을 더 재미있게, 책을 더 오래 기억하는 방법
다산어린이 공식 카페에는 다양한 독서 활동 자료가 있습니다.
자료를 활용하여 아이들의 독서 흥미를 더욱 키워 주세요.